JEAN RAYMOND 1965

Vie et Doctrine du SILLON

1908

DU MÊME AUTEUR

Catéchisme d'Économie sociale et politique du « Sillon », 4ᵉ édition, in-16 de pp. xxvi-413. Prix **2,75**

L. COUSIN

Vie et Doctrine du SILLON

Qu'ils soient un.
(En SAINT JEAN, XVII, 21.)

LIBRAIRIE EMMANUEL VITTE

LYON | **PARIS**
3, place Bellecour, 3 | 14, rue de l'Abbaye, 14

OU AUX BUREAUX DU SILLON, 34, Bᵈ RASPAIL
PARIS

Mon cher Ami,

C'est une tâche difficile que vous avez entreprise.

Décrire ce qui est vivant, c'est-à-dire complexe et mystérieux ; préciser un mouvement en perpétuelle évolution ; présenter en un corps de doctrine des conceptions et des idées toutes spontanées, rattachées surtout les unes aux autres par une profonde unité de sentiments ; expliquer la force et l'intime puissance d'une amitié, puisque le Sillon est une amitié : cela est une œuvre ardue et périlleuse. J'avoue, pour ma part, que je n'eusse pas oser l'essayer, et je dois même vous confesser que ce n'est pas sans quelque secrète appréhension que j'ai tout d'abord accueilli votre dessein.

Faut-il vous dire que toutes mes craintes sont maintenant dissipées et que c'est avec un cœur joyeux et reconnaissant que je vous félicite de ce livre qui servira sans doute si utilement la Cause à laquelle nous nous sommes l'un et l'autre dévoués depuis longtemps déjà ?

Ces pages d'une si scrupuleuse exactitude feront sans doute tomber bien des inintelligences et apaiseront bien des inquiétudes. Plusieurs qui nous combattaient, nous connaissant mieux grâce à vous, nous apprécieront davantage ; d'autres qui nous ignoraient, s'intéresseront à un effort dont ils commenceront à pressentir la fécondité. Il n'est pas jusqu'aux amis enfin dont plusieurs ne découvriront avec une surprise pleine de réconfort que les doctrines du Sillon peuvent déjà se présenter comme un ensemble solide et cohérent.

Votre ouvrage vient à son heure. Jamais le Sillon n'a été plus fort, jamais il n'a été plus attaqué. Aux yeux même des plus prévenus, vous apparaîtrez non pas tant comme un défenseur que comme un témoin : ce qui vaut mieux. Quant à nos camarades, ils sont si habitués à vous voir depuis tant d'années déjà *leur prodiguer sans compter votre expérience, votre talent et votre cœur qu'ils ne prennent même presque plus garde à l'excellence des dons que vous leur apportez. Ils en bénéficient cependant dans la plus large mesure et votre récompense, c'est justement que le bien que vous faites ne vous sépare pas de ceux à qui vous le faites et que l'affection que vous respirez va sans calcul, sans retenue ou timidité : celle-là seule pouvait consoler et réjouir votre âme d'apôtre.*

Vous me laisserez enfin, mon cher ami, vous répéter ce que vous savez déjà très bien : que je vous aime chaque jour un peu plus avec un respect si tendre et si reconnaissant !... Dieu est bon, alors que la vie est souvent méchante et la lutte âpre et rude de nous avoir ménagé le réconfort de telles amitiés.

Marc SANGNIER.

PREMIÈRE PARTIE

LE SILLON

PREMIÈRE PARTIE

LE SILLON

CHAPITRE PREMIER

Coup d'œil sur les origines et le développement du Sillon.

Sommaire : Le journal *Dieu et Patrie*. — Ce qu'était en germe la tentative « Dieu et Patrie ». — La « Crypte » et le Censeur. — Eclosion spontanée du *Sillon*. — Genèse des idées sillonnistes. — Expériences personnelles des futurs Sillonnistes. — Premières rencontres avec les camarades ouvriers. — Indépendance des précurseurs du *Sillon ;* toast à la République. — La revue *Le Sillon ;* article programme ; orientation de la revue à ses débuts. — Deux conceptions du travail social ; attitude de Marc Sangnier. — Marc Sangnier à Versailles, à l'Ecole polytechnique et à Toul ; premières vues sur la méthode d'éducation sociale populaire. — Pourquoi ces détails. — Les publications du *Sillon*. — Premiers essais d'éducation populaire ; l'appel à la jeunesse ; les offres du *Sillon*. — Les cercles d'études. — Les promenades artistiques. — Les Instituts populaires. — Les réunions publiques et contradictoires. — La Jeune Garde. — Les Mille-Colonnes et le *Meeting sanglant*. — Le *Sillon* en province. — Les Congrès du *Sillon*. — Les groupes de dames. — Les approbations officielles de l'Eglise. — Les amitiés sacerdotales et le *Sillon*. — Le *Sillon* mouvement social.

Quel est l'âge du *Sillon ?* Sept ans, tout au

plus, pour le grand public, car son action extérieure, par les réunions de propagande, n'a commencé qu'à la fin de 1899. Mais ses premières origines remontent plus haut. En 1885, un journal se fondait, rue de Rennes, 155 *bis*, sous le titre *Dieu et Patrie*, dont les directeurs, Marc Sangnier et Paul Renaudin, devaient être plus tard les fondateurs du *Sillon*. *Dieu et Patrie* ne vécut pas ; un seul numéro parut, encore était-il manuscrit.

De cet échec, d'ailleurs, bien des circonstances atténuent la portée : 155 *bis*, rue de Rennes, c'est le petit Collège Stanislas ; Marc Sangnier et Paul Renaudin y étaient alors élèves de sixième et se préparaient à faire leur première communion. Le directeur craignit qu'un emploi prématuré de leur talent nuisît à la formation littéraire des jeunes rédacteurs, et la publication fut supprimée. L'arrêt qui les frappait trouva les deux journalistes presque plus résignés que le préfet de leur division : « Il y avait du bon dans cette feuille, disait ce digne promoteur des études sérieuses ; si elle avait été lue, un peu par tout le monde — et un fin sourire soulignait ce *tout le monde* — la besogne des maîtres en eût été plus facile, et celle des élèves bien mieux faite et plus fructueuse. »

Le germe du *Sillon* était déjà dans cette tentative si vite arrêtée, et il ne devait plus cesser de se développer. Les rédacteurs de *Dieu et Patrie* n'avaient pas voulu écrire pour écrire, mais parce qu'ils sentaient qu'en écrivant on peut aider les autres et s'aider soi-même à bien vivre. Aussi Dieu bénit leur bonne volonté, et à mesure qu'ils passèrent d'une classe à une autre, leur action sur leurs camarades devint de plus en plus profonde ; autour d'eux se formèrent des amitiés qui devaient rester inébranlables et, sans que leurs études eussent à en souffrir, comme en témoignaient les succès dont elles étaient couronnées (1), Marc Sangnier et ses amis exercèrent la plus heureuse influence. Le courant de vie chrétienne et de préoccupation d'apostolat social qu'ils déterminèrent donna naissance, en 1894, aux réunions de la Crypte et à la Revue le *Sillon*.

Cent cinquante ou deux cents collégiens des

---

(1) Outre des prix nombreux au Collège, ils obtenaient des nominations au concours général où Marc Sangnier remporta le premier prix de philosophie.

classes supérieures se réunissant dans un local souterrain, d'où le nom de Crypte, local affecté aux répétitions de chant, d'où la désignation pittoresque de *Crypte aux gammes;* ces jeunes gens discutant les questions les plus diverses, mais surtout des questions sociales ; cela en toute liberté, car le « Censeur », qui assiste aux séances en ami, évite d'intervenir et garde comme attribution principale d'assurer la liberté de la parole contre toute obstruction intolérante. De telles réunions se tenant dans ce vieux Collège Stanislas, la citadelle de la régularité et de la discipline, où les sages précisions de « l'annuaire » — du *Coran*, disent les élèves — ne laissent dans l'incertain aucun détail de la vie journalière ; voilà, à coup sûr, quelque chose de bien extraordinaire et qui ne se serait jamais produit dans le train normal de l'antique et vénérable maison.

Quelles causes exceptionnelles avaient donc pu rendre possible cette dérogation formelle à des traditions si jalousement gardées ? L'initiative du groupe de Marc Sangnier; la clairvoyante complicité du « Censeur », le saint religieux et l'éducateur hors ligne qui s'appelait l'abbé Joseph Leber.

« L'enfance de notre *Sillon* a connu l'amitié d'un homme admirable, écrivait Etienne Isabelle en 1902 : cet homme n'est plus... Plusieurs sachant que dès le début, l'abbé Leber avait été notre confident, crurent volontiers qu'il était l'initiateur du *Sillon*. Il n'en est rien : nous pouvons même ajouter que, suivant le vieux titre romain qu'il portait et dont nous aimions à l'appeler, il fut notre « Censeur », plus que personne, il critiqua nos projets : sauf, après exécution, à nous défendre contre tous. Et ceci nous consolait bien de ceux qui nous donnaient de : l'admirable ! en face, pour nous contredire partout ailleurs (1).

L'abbé Leber était très aimé des élèves, et c'était justice, car il les aimait au-delà de toute expression ; mais son affection pour eux était toute virile ; elle tendait à faire des hommes de tête et de cœur. Il ne ménageait pas leur amour-propre ; écoutons-le flageller le préjugé de classe :

« Notre écolier... ignore le pauvre, l'ouvrier, le peuple, la grande masse de ses compatriotes. N'ayant jamais manqué de rien, il ignore la mi-

---

(1) *Sillon* du 25 octobre 1902. L'abbé Leber venait de mourir à peine âgé de quarante et un ans.

sère, la souffrance, la faim, l'abandon ; l'économie, qui n'est pas l'avarice, l'épargne qui n'est pas ladrerie, sont pour lui des mots ; il ignore la valeur de l'argent et le prix du pain ; il ignore le rapport nécessaire, divin entre le travail et la vie. »…..

« Borné d'horizon, notre écolier est aisément étroit de cœur. Il dédaigne ce qu'il ignore ; s'il a bon naturel, il aura des accès de pitié et de compassion, c'est tout. Entre lui et le pauvre, il ne sent pas, et ne croit guère l'égalité chrétienne, française ; il songera parfois et, volontiers même (cela consacre sa supériorité) à faire la charité, plus rarement il pense ou se prépare à rendre justice….. Mais comme la distance diminuerait s'il la mesurait à la réalité, non à ses préjugés ! Mettez ensemble le petit bourgeois ou le fils de noble et le petit ouvrier ; supprimez la différence du vêtement ; je ne parle pas de la différence du latin et du grec, il n'y paraît guère. Où est la supériorité de l'intelligence et du cœur, de la fermeté de la parole, de la franchise du regard, de la santé et de l'énergie, de tout ce qui est vraiment de l'homme ? Il suffit que la question puisse se poser dans les cours des patronages pour que notre écolier, que je suppose intelligent et loyal, soit fixé sur sa prétendue supériorité native. »

Après ces citations, on voit mieux comment un tel homme pouvait comprendre le mouvement du *Sillon* et en pressentir la portée. Quant au directeur, l'abbé Prudham, il devait ignorer ce qui se passait à la Crypte, et il sut fermer si intelligemment et si paternellement les yeux qu'il l'ignora autant qu'il était nécessaire.

Les premiers Sillonnistes se sont demandé parfois quel accueil eût été réservé à leur initiative si elle se fût produite dans un autre collège, et ils penchaient à croire qu'elle n'y eût pas été tolérée. Mais si Stanislas a été réellement le berceau de la Crypte, il faut bien maintenir que Marc Sangnier et ses amis en ont été les seuls fondateurs.

Le *Sillon* est sorti de la Crypte ; mais, ni dans la Crypte ni hors d'elle, il n'a cessé un instant d'être autonome. Ce n'est pas un confesseur, un directeur, un homme éclairé, un sage conseiller qui en a donné à Marc Sangnier la première inspiration, qui a murmuré à son oreille le mot révélateur ; non, le germe du *Sillon* a jailli spontanément de l'âme et du cœur du premier des Sillonnistes, où sans doute Dieu l'avait mis puisque aucun homme ne l'y avait semé (1).

En 1894, Marc Sangnier terminait à l'école préparatoire de Stanislas les études qui devaient le conduire à Polytechnique ; il y avait rencontré Etienne Isabelle. Paul Renaudin et quelques autres de ses premiers amis avaient quitté le collège à la fin de leurs études secondaires ; mais ils revenaient voir leurs anciens camarades et assister aux réunions de la Crypte. Leurs idées à tous s'étaient bien précisées depuis leurs premières conversations et l'orientation de leur action ultérieure s'affirmait de plus en plus nettement.

Décidés à être absolument sincères avec eux-mêmes, ils n'avaient pas cherché dans une con-

---

(1) L'initiative prise par les fondateurs de la Crypte n'avait pas trop surpris l'abbé Leber ; dans deux collèges de la Société de Marie en Province, il avait rencontré des conférences d'études sociales. Mais il comprit que la tentative dont il s'agissait allait à quelque chose de très différent ; c'est pourquoi il ne songea pas un instant à en prendre la direction ; il voulut uniquement lui procurer la liberté nécessaire pour qu'elle pût s'épanouir sans contrainte et en restant bien elle-même.

L'exemple donné à Stanislas a porté ses fruits ; nombre de maisons d'éducation chrétienne ont eu depuis et gardent encore leur crypte ou leur conférence sociale.

fiante et passive déférence aux opinions reçues la solution des contradictions angoissantes dont le spectacle de la société française hantait leur conscience autant que leur raison.

Aimant le Christ, méditant avec admiration son Evangile, ils étaient douloureusement étonnés de voir la société autour d'eux vivre sur des idées lamentablement païennes ; de constater que, chez nombre de baptisés, le geste religieux était un simulacre vide ne correspondant à aucune réalité féconde, ni pour la conduite privée, ni dans les relations sociales.

Sincèrement dévoués à l'Eglise catholique, habitués à faire remonter à elle la reconnaissance des plus utiles progrès réalisés par notre civilisation nationale, ils constataient avec stupeur qu'une grande partie de nos populations urbaines et rurales la regardait comme une ennemie.

Pleins de respect pour le passé glorieux de la France royale, sachant bien que notre histoire ne commence pas en 1789, mais n'ayant jamais cru pour autant à l'éternité des régimes politiques, ils ne comprenaient pas pourquoi ceux qu'autour d'eux on désignait comme les champions de l'ordre refusaient d'admettre que la république pût succéder à la monarchie et continuer la tradition nationale.

Et parce qu'ils n'avaient pas peur de la vérité, ils avaient osé entendre la réponse des faits à ces questions.

Les tenants de l'ordre étaient souvent des catholiques ; mais le peuple n'avait pas confiance en eux ; il les savait en grand nombre partisans de la monarchie ; il les considérait comme voulant rétablir d'injustes privilèges au détriment du bien-être général, comme des ennemis du progrès social. Sans doute, il y avait de l'injustice dans ces appréciations qui méconnaissaient les plus magnifiques désintéressements ; mais il restait vrai que, comme l'ancien régime avait créé la formule : le trône et l'autel, la défiance populaire solidarisait maintenant le catholicisme et la réaction.

Des expériences personnelles achevèrent bientôt d'éclairer, à ce sujet, les fondateurs du *Sillon*. En octobre 1894, Marc Sangnier alla faire un an de service militaire à Versailles, puis il passa deux ans à l'Ecole Polytechnique et servit ensuite pendant un an comme sous-lieutenant au 1er régiment du génie, à Toul. Pendant le même temps, ses amis, de leur côté, prenaient contact avec la vie réelle, et mille occasions leur étaient données de constater que le peuple ne haïssait ni la religion, ni l'ordre, quand il n'en rencontrait pas les défenseurs comme indissolublement attachés aux régimes disparus. Soldats, paysans, ouvriers écoutaient Marc Sangnier ou ses camarades leur parler du Christ, et ils se laissaient aller à aimer le Christ, du devoir social à remplir pour le bien de tous encore plus que leur propre bien, et ils approuvaient. On leur disait : Pourquoi donc croyez-vous ? — Ah ! répondaient-ils, c'est que derrière vous il n'y a personne qui se cache, ni le roi ni l'empereur ; vous êtes pour la vérité.

Parmi les ouvriers avec qui nos amis se rencontrèrent ainsi, il y en avait de leur âge, ardents et généreux comme eux ; ils se connurent vite et s'aimèrent fraternellement. Les intellectuels s'étaient aperçus qu'avec moins de connaissances livresques, leurs amis ouvriers avaient pris au rude contact de la vie réelle, commencée par eux de si bonne heure, une expérience des hommes et des choses bien supérieures à la leur ; les ouvriers de leur côté, pardonnaient l'inexpérience des intellectuels rachetée à leurs yeux par le savoir. Des deux côtés, on s'estimait, on avait quelque chose à s'apprendre mutuellement. Il n'y avait pas des jeunes gens d'une culture supérieure, communiquant leurs connaissances à des protégés dénués d'instruction ; mais des amis échangeant leurs idées. Les uns comme les autres étaient chrétiens ; les uns comme les autres voulaient se dévouer jusqu'au sacrifice ; qu'importaient, à côté de cela, les différences accidentelles que la fortune ou le savoir avaient pu mettre entre eux ? Elles s'évanouissaient dans la grande fraternité en le Christ et, dès ces tout premiers commencements, on se tutoya sans y prendre garde, parce qu'il est naturel que des frères se tutoient ; sans se demander non plus si ce tutoiement impliquait ou n'impliquait pas égalité, car dans une famille, les petits frères tutoient les aînés. D'ailleurs, autour de Marc Sangnier, le critérium pour la distinction des grands et des petits était dès lors celui qui a toujours prévalu au *Sillon* : les plus grands ne sont pas les plus riches, ni les plus savants, mais les meilleurs.

Les précurseurs du *Sillon* qui allaient en devenir les fondateurs, étaient donc libres de toute compromission avec les partis qui auraient ralenti leur marche ou en auraient faussé l'orientation ; ils admiraient les glorieux tenants du passé dont le courage hélas ! n'avait pu conduire les conservateurs français qu'à des défaites réitérées ; pour eux, c'était résolument vers l'avenir qu'ils regardaient ; ils pensaient, avec un illustre prélat démocrate « qu'au lieu de monter la garde devant des cimetières, il vaut mieux marcher avec les vivants (1). » Et déjà au banquet de la Saint-Charlemagne, en 1894, Marc Sangnier portait un toast à la République.

La Revue le *Sillon* publia son premier numéro le 10 janvier 1894 ; elle avait à sa tête, comme rédacteur en chef, Paul Renaudin. S'adressant aux intellectuels de bonne volonté « à tous les jeunes gens de notre génération qu'une même éducation a nourris », disait l'article programme, elle les conviait à remplir vaillamment leur devoir social : « nous savons, continuait le même article, que demain va retomber sur nous, sur la classe éclairée, en vertu de la supériorité

---

(1) Mgr IRELAND, *L'Eglise et le Siècle*, Paris, Lecoffre, 1894.

naturelle de la pensée et de son invincible puissance directrice, la charge et la responsabilité du progrès intellectuel, social, rural de notre pays. Tandis que d'autres travailleront pour nous vêtir et nous nourrir, notre rôle à nous sera de travailler à nourrir les intelligences et les âmes. »

La préoccupation des ouvriers du même âge moins connus alors qu'ils ne devaient l'être peu après, hantait aussi l'auteur, car il ajoute : « Et nous pourrons ainsi nous sentir moins humiliés devant ces fils d'ouvriers dont nous croisons parfois dans la rue le regard de mépris. Vous avez tort, leur dirons-nous, de nous croire des privilégiés et des oisifs, parce que vous voyez nos mains blanches ; ne nous enviez pas trop la prérogative bien lourde parfois de l'intelligence et du savoir. Peut-être le labeur de nos fronts est-il plus pénible que celui de vos bras. Apprenez-nous seulement à aimer notre tâche comme vous aimez la vôtre, à être des ouvriers consciencieux et honnêtes de la pensée.

Le ton de cet article indique l'orientation de la Revue à ses débuts ; elle tendait à la constitution d'une élite intellectuelle exerçant une sorte de sacerdoce de la pensée ; elle devait être l'instrument de cette élite ; elle aiderait les intellectuels à remplir leur devoir social en devenant capables de soutenir les autres dans leur marche vers la justice et la vérité. Et ceci nous met en présence d'un double courant existant dès l'origine dans le petit groupe qui s'est formé autour de Marc Sangnier : le courant plutôt intellectuel représenté par la Revue, et un autre courant allant plus directement à l'action. Ne nous arrêtons pas aux discussions ni aux analyses, disaient volontiers ceux en qui se personnifie cette seconde tendance ; mettons la main à l'œuvre, et pour cela, poussons tous nos amis à entrer dans les œuvres existantes, surtout à devenir confrères de Patronages.

Marc Sangnier n'est complètement ni pour ni contre aucune de ces deux tendances, et ce n'est pas, de sa part, habileté de chef ménageant des opinions diverses afin de garder tout son monde; c'est qu'il croit à la puissance de la pensée aussi bien qu'à la valeur des œuvres et qu'il veut, cette formule lui est chère, *réunir les intellectuels aux hommes d'action*. Il sait que les intellectuels ont un devoir à remplir ; seulement l'élite dont il veut promouvoir la formation, c'est une *élite so-*

ciale où les intellectuels auront leur place, sans doute, mais dont les éléments seront recrutés dans tous les milieux ; où les services rendus par chacun ne seront pas toujours de même nature, mais pourront être d'égale importance. Il pressent déjà que le *Sillon* sera un grand mouvement social ; mais les espérances qu'il caresse n'ont rien de commun avec l'emballement :

« Nous autres qui nous préparons encore à la vie, écrit-il le 25 novembre 1894 (1), nous croyons trop souvent qu'il nous suffira de nous lever et de chanter nos espérances et de donner notre âme, et que je ne sais quelle force mystérieuse sortie de nous-même nous fera malgré tout triompher. Il est bon que nous apprenions combien les idées même les plus généreuses ont de la peine à se faire connaître, combien d'autres ont senti nos ambitions leur brûler le cœur et qui sont morts déçus dans leurs plus chères entreprises, combien l'avenir s'élabore lentement au milieu des larmes versées et du sang répandu : et cela, non pas pour que nous renoncions jamais à notre idéal sacré, sans lequel la

---

(1) Dans le *Sillon*, à propos du livre de M. l'abbé Garnier intitulé *Cours de Pastorale*.

vie pour nous n'aurait plus de sens, mais bien au contraire pour que nous travaillions avec plus d'ardeur encore, forts du douloureux sacrifice de toute ambition personnelle, résolus, s'il le faut, à combattre obscurément au dernier rang, loin des drapeaux rayonnants, et à périr, victimes obscures, mais consolés par cette certitude que le relèvement du pays sera fait de nos modestes efforts, et que notre vie n'aura pas été inutile tout à fait au triomphe définitif. »

La Crypte de Stanislas s'ouvrait régulièrement aux élèves, une fois par semaine, le vendredi; elle recevait aussi, à des intervalles périodiques, les anciens élèves et leurs amis. Pourtant, dès l'année 1897, le nombre de ceux-ci rendit nécessaire de plus vastes locaux et la Crypte des anciens se réunit, tantôt en un lieu, tantôt en un autre, au Cercle du Luxembourg, dans les locaux de l'Association catholique de la Jeunesse française et, ailleurs encore. Ces pérégrinations avaient l'avantage de mettre nos amis en relation avec les divers groupements catholiques et de mieux leur faire sentir quelle devait être, au sein du mouvement général, l'orientation spéciale de leur propre action.

Marc Sangnier venait rejoindre ses camarades aussi souvent qu'il le pouvait ; il restait l'âme de tout le groupement ; mais pendant sa seconde année à Polytechnique, de même que pendant son service à Toul, ses visites devinrent forcément rares; Louis Gillet (1) le remplaçait comme président, et l'absent se dédommageait en travaillant là où il était : « A l'Ecole Polytechnique qui avait alors comme gouverneur le général André, raconte-t-il lui-même, nous avions organisé deux sortes de réunions qui se tenaient, durant les récréations, dans les casernements de l'Ecole: dans les unes, nous étions entre catholiques, nous lisions les Evangiles, les Epîtres et nous les commentions à haute voix ; nous conviions tous nos camarades à assister aux autres qui étaient ainsi de véritables réunions publiques et contradictoires (2) ».

Toul, où il passa un an comme sous-lieutenant

---

(1) Le nom de Louis Gillet, qui remporta au concours général le prix d'honneur de rhétorique, rappelle à nos amis de la première heure de très belles pièces de vers ; Louis Gillet a toujours été le collaborateur de la revue, mais dans le « *vieux* » *Sillon*, c'est lui qui était « le poète. »

(2) *Le Sillon*, Esprit et méthodes, par Marc SANGNIER, page 42, note.

fut pour lui un précieux champ d'expérience ; il y créa une sorte d'Institut populaire militaire où il put étudier de près la mentalité ouvrière : « J'ai toujours été frappé, dit-il, du goût prononcé des milieux populaires pour les idées générales. Je me souviens que, parmi les conférences morales que je faisais à mes soldats, celles qu'ils goûtaient le plus consistaient toujours dans le développement logique de quelques idées générales constituant comme un petit système très simple qu'ils éprouvent sans doute une véritable joie et comme une sorte de fierté intellectuelle à pouvoir pénétrer. Un jour, craignant de les ennuyer par trop d'abstractions, je proposai de leur raconter, pour changer, quelque histoire très concrète de bataille : ils n'en voulurent pas entendre parler, et l'un d'eux se prit à dire — c'était un petit graveur de Montmartre : « Non, ce que nous aimons le mieux, « c'est la philosophie. » Il avait lui-même trouvé ce mot-là « pour désigner ce qu'il voulait dire (1). » C'était la révélation d'une méthode à suivre.

(1) *L'Éducation sociale du peuple*, par Marc SANGNIER, page 22.

C'est à Toul aussi qu'il se rendit compte de ce que peut l'amitié, même quand elle ne se souvient pas de sa divine origine : « Causant familièrement à l'hôpital militaire avec un soldat convalescent, garçon intelligent et socialiste militant, celui-ci, qui savait qu'il pouvait sans danger me dire tout ce qu'il voulait, s'étant mis à me raconter ses idées et la propagande qu'il avait essayé de faire avant d'entrer au régiment, en vint à me parler de l'un des principaux chefs du parti socialiste, et cela, d'un ton d'affection familière qui m'étonna ; et comme je l'interrompais, lui demandant s'il le connaissait particulièrement : « Si je le connais, mon lieutenant, me « répondit-il vivement, ah! vrai, on peut dire que « oui : mes camarades et moi, nous avons tous été « élevés sur ses genoux... » Je n'ai pas approfondi le degré d'intimité de leurs relations, mais il avait eu, en me disant cela, un air de sincérité reconnaissante et joyeuse qui me rendit songeur, et je me demandais, tandis que je revenais un peu tristement de l'hôpital, si nous n'avions pas là, malgré tout, quelque chose à envier aux socialistes ».

Marc Sangnier revint à Paris en septembre

1898, et dès lors, il se consacra sans réserve à l'œuvre du *Sillon*.

Nous nous sommes, intentionnellement, un peu appesanti sur les humbles commencements de notre action ; le travail que nous entreprenons rendait indispensable cette étude préalable où vient de se révéler à nous la psychologie du *Sillon*. Jusqu'en 1906, au contraire, nous allons nous contenter d'un résumé très succinct : ne faisant pas ici l'histoire de notre mouvement, il nous suffira d'en mentionner rapidement les divers aspects sans y insister plus qu'il n'est nécessaire pour rendre intelligible l'analyse à laquelle nous devons nous livrer.

Le 10 janvier 1899, le *Bulletin de la Crypte*, organe mensuel de la *Crypte*, qui avait paru depuis le mois de décembre 1897, la *Revue*, organe d'un groupe de jeunes démocrates catholiques, qui s'était de plus en plus rapproché de la *Crypte*, et le *Sillon* s'unissaient matériellement pour ne plus faire qu'une seule publication : *Le Sillon*, dont Etienne Isabelle prenait la direction.

Un supplément du *Sillon*, l'*Echo des Cercles d'Etudes*, sous la direction de Louis Meyer, parut du 10 mai 1900 au 25 décembre 1901. A partir du 10 janvier 1902, le mouvement des Cercles d'études ayant pris une importance considérable, l'*Echo des Cercles d'Etude* se fondit avec le *Sillon* dont Marc Sangnier prit la direction avec Henry du Roure comme secrétaire de rédaction.

La Revue le *Sillon* compte aujourd'hui 4.000 abonnés, ce qui représente un nombre considérablement plus grand de lecteurs, car une très grande partie des abonnements sont collectifs, étant souscrits par des Cercles d'études, par des salles de lecture d'Instituts populaires et par des groupes où la Revue passe de main en main. Nos publications, livres ou brochures, n'avaient à l'origine qu'un très faible tirage ; elles atteignent très rapidement aujourd'hui des éditions successives de plusieurs milliers d'exemplaires chacune.

Notre journal, l'*Eveil Démocratique* (1), malgré sa périodicité boiteuse de publication bimensuelle, tire après huit mois d'existence, à 40.000 exemplaires.

Aussitôt Marc Sangnier, de retour à Paris en

(1) Directeur : Marc Sangnier ; secrétaire de rédaction : Georges Hoog.

1898, les réunions des camarades du *Sillon*, intellectuels et ouvriers se tinrent dans le petit appartement qu'il avait loué, rue de Vaugirard, 77; bientôt le propriétaire trouvant que les conditions de la location, faite *bourgeoisement* selon les termes du bail, n'étaient pas observées, donna congé, et le *Sillon* se transporta rue de Bagneux, 3. Enfin, au commencement de 1902, il prit possession des locaux actuels, 34, boulevard Raspail.

C'est à partir de 1899, que le *Sillon*, préconisant l'éducation sociale populaire comme absolument nécessaire pour mettre les citoyens d'une démocratie à même de remplir leur devoir social, chercha à la propager effectivement. L'*Appel à la Jeunesse,* distribué à l'entrée de la réunion du dimanche, 15 octobre 1899, où de nombreux camarades ouvriers prirent la parole est déjà un programme : « Si quelqu'un d'entre vous ne veut décidément songer qu'à lui-même..... qu'il passe son chemin ! Nous n'avons pas besoin de lui.

« Mais vous qui avez conçu le dessein de combattre, quoi qu'il en coûte, le mal et l'erreur, vous qui travaillez, sans doute, selon le commandement de Dieu, pour gagner votre pain à la sueur de votre front, mais qui êtes impuissant à ne vous occuper que de vous-mêmes et à concevoir une étroite félicité solitaire, vous dont le cœur est chaud et la volonté bonne et qui donneriez, s'il le fallait, jusqu'à votre vie pour la *sainte cause* (1), sachant bien que mourir ainsi, ce n'est que naître à l'immortalité, vous tous jeunes hommes, dont la France a besoin pour façonner enfin avec des mains loyales un avenir meilleur, venez avec nous : vous êtes nos frères bien-aimés. Nous travaillerons, nous prierons, nous lutterons ensemble : ne sommes-nous pas les fils de la même patrie qui pleure, les frères du même Christ qu'on outrage ? »... « Pour la plupart, vous faites partie de groupes organisés (allusion aux Patronages et aux Cercles). Il faut développer la vie de ces groupes ; qu'ils deviennent de véritables foyers d'énergie, de véritables écoles d'initiative et d'apostolat ! Vous devez trouver là ce qu'il vous faut pour être à

---

(1) Cette expression qui nous est si familière aujourd'hui était déjà alors en usage au *Sillon ;* elle résumait d'un mot cette autre formule : la cause du Christ et du peuple.

votre époque de bons chrétiens et de bons citoyens. »

Puis viennent des offres que le *Sillon* était assuré de pouvoir tenir et qui furent immédiatement mises à profit :

« Vous avez besoin de savoir et vous aurez à agir. On apprend à savoir en étudiant. On apprend à agir en agissant. »

« Pour faciliter vos études, nous vous offrons de grand cœur notre première « salle de travail ». Vous y trouverez, non des maîtres, mais des conseillers et des amis qui n'auront pas de meilleure joie que de vous être utiles et de travailler fraternellement avec vous. Dans quelques semaines nous organiserons aussi des « promenades artistiques et scientifiques » : nous essayerons de vous faire participer à des joies pures et désintéressées qui sont faites pour être le patrimoine commun de tous les hommes et qui, sous le regard de Dieu, serviront à nous unir plus intimement encore dans l'amour du vrai et du beau. »

« Pour faciliter votre action, nous tâcherons de vous fournir des conférenciers, d'organiser avec vous des réunions, là où vous nous le demanderez..... Il importe que les mieux doués parmi vous apprennent à parler haut et puissent défendre leur foi dans les assemblées des hommes. Il importe que chacun de vous sache faire respecter ce qu'il respecte et que sa lâcheté ne trouve pas dans son ignorance de trop faciles excuses pour laisser outrager ce qu'il adore. »

L'affiche qui annonçait au public l'ouverture des « salles de travail », les « promenades artistiques » et les « Conférences », en déclarait explicitement le but démocratique : « Camarades, disait ce document, dans une démocratie, tous les citoyens sont responsables du bien public. Nous avons un devoir civique et social ».

« Nous sommes jeunes. L'avenir sera ce que nous le ferons. »…..

« Ouvriers, étudiants, nous appartenons à tous les milieux. Nous voulons nous connaître, nous aimer et marcher ensemble. »

Les promesses ainsi faites furent largement tenues ; le *Sillon* devint bientôt une ruche toujours en activité.

Les *Cercles d'études* se multiplièrent dans les Patronages et hors des Patronages. Les Directeurs d'Œuvres accueillirent nos amis avec sympathie ; quelques-uns cependant, en petit nombre, nous fermèrent leurs portes ; d'autres s'effrayèrent de nos tendances nettement républicaines et démocratiques et nous congédièrent au bout de quelque temps. Ailleurs des difficultés surgirent, de la nature de celles qui se produisent partout où il y a des hommes, car les Sillonnistes ne sont pas parfaits, les non-sillonnistes non plus.

Dans l'ensemble, nos cercles rencontrèrent une réelle bienveillance dans le Clergé paroissial, qui leur fournit d'excellents conseillers et sut respecter leurs initiatives, même quand elles paraissaient hardies.

Les *Promenades artistiques* eurent lieu dès l'automne de 1899 ; outre leur utilité directe au point de vue de l'éducation du goût, elles eurent l'avantage de constituer un excellent moyen de propagande. Souvent, en effet, la promenade commencée avec un groupe déjà important de nos amis, attirait l'attention des curieux, deux ou trois cents personnes, parfois davantage, se joignaient à eux et les accompagnaient, après la promenade, jusqu'au point de dislocation, où le « guide » résumait l'enseignement à tirer de la visite qui venait d'être faite. Cet enseignement étant toujours inspiré par les principes directeurs de notre action, les accompagnateurs fortuits ont été gagnés, en bien des cas, par la force conquérante de nos idées et sont devenus de fervents Sillonnistes.

Les *Instituts populaires* soutenus par les Cercles d'études, mais largement ouverts à tous, permirent aux conférenciers du *Sillon* d'exposer nos doctrines devant des auditoires où croyants et incroyants, démocrates, monarchistes et socialistes se trouvaient confondus ; ils furent les premiers centres de discussion publique réellement libre et tolérante, car les Universités populaires fondées par les libre-penseurs maintinrent toujours, et d'une façon souvent farouche, les dogmes de leur *credo* anticlérical et sectaire.

Atteignant la grande foule d'une façon plus intermittente, mais de nature à impressionner davantage l'opinion, les *Réunions publiques et contradictoires*, imposèrent à l'attention générale l'examen de nos doctrines. Marc Sangnier fit un grand nombre de ces réunions, tant à Paris qu'en province, nombre de nos camarades l'imitèrent et exposèrent nos idées devant de grands auditoires à travers toute la France.

La *Jeune Garde* avait rendu possibles ces discussions publiques où le conférencier d'une part, les contradicteurs de l'autre pouvaient en toute liberté, et au milieu d'une attention générale, exposer leurs idées. Jusqu'alors « les mœurs publiques étaient si déplorables et les catholiques si résignés à leur impuissance, que les rues et les salles de réunions semblaient l'exclusive propriété des pires sectaires et des plus pitoyables voyous (1) ». Marc Sangnier fit appel aux jeunes camarades du *Sillon ;* il leur demanda de se donner tout entiers au Christ, d'être très purs, et d'aller ensuite, avec le secours de celui qui triomphe dans la faiblesse, tenir en échec et réduire à l'impuissance la force brutale des meneurs et des émeutiers. Et ces petits se donnèrent sans réserve, et Dieu fut avec eux, et la liberté de la tribune fut conquise.

C'est lors de la réunion des Mille-Colonnes, tenue à l'occasion des tentatives des Apaches contre les églises, et dans le *meeting sanglant* qui suivit cette réunion, que la Jeune Garde

---

(1) *Le Sillon. Esprit et méthodes*, par Marc SANGNIER, page 54.

versa les prémices de son sang ; depuis elle n'en a pas été avare.

En même temps qu'à Paris, la vie du *Sillon* se répandait rapidement en province. De nombreux cercles d'études se fondaient sur tous les points du territoire ; de toutes parts on voyait éclore des *suppléments régionaux à la Revue ;* les Instituts populaires des départements rivalisaient avec ceux de la capitale, les dépassaient quelquefois. Les Jeunes Gardes se formaient aussi, fondant comme neige au soleil quand on avait cru à l'efficacité suffisante de l'uniforme ; persévérantes, au contraire, et vaillantes, partout où l'austère discipline du renoncement à soi-même et du don entier à la cause avait présidé à leur éducation.

Les *Congrès du Sillon* révélaient tous ces accroissements. Ce furent d'abord les Congrès trimestriels de Paris, puis les Congrès régionaux et les Congrès nationaux annuels. Quelques chiffres montreront mieux que tous les commentaires la progression rapide de notre mouvement (1) :

---

(1) Voir le compte rendu du Congrès de 1906, en vente aux bureaux du *Sillon*, 34, boulevard Raspail.

Le premier Congrès national, tenu à Paris en 1902, réunit 45 congressistes ; le deuxième, à Tours, en 1903, 300 ; le troisième, à Lyon, en 1904, 800; le quatrième, à Paris, en 1905, 1.100; le cinquième, à Paris, en 1906, 1.503.

A l'occasion de chacun de ces congrès, un certain nombre de Sillonnistes se réunissent en un banquet fraternel, suivi ou précédé d'une réunion publique. En 1902, les convives étaient 75 et les auditeurs à la réunion publique, 400 ; en 1903, ces chiffres devinrent respectivement 500 et 1.500 ; en 1904, 900 et 2.500 ; en 1905, 1.145 et 4.800 ; en 1906, 1.824 et 6.500.

Exclusivement composé d'hommes, le *Sillon* n'aurait répondu qu'incomplètement à sa mission ; c'est la famille et non l'homme isolé qui est le véritable élément social ; ce sont des familles qu'il faut unir pour constituer une puissance vraiment capable de refaire les mœurs publiques et privées. Il fallait donc faire appel aux mères, aux épouses, aux sœurs des Sillonnistes, ou plutôt leur ouvrir les portes, car, dès l'été de 1903, elles venaient d'elles-mêmes réclamer leur part de travail ; leur part à elles, point celle de leurs frères, de leurs maris ou de leurs fils ; de la différence des tâches les raisons sont assez obvies pour qu'il n'y faille point insister ici.

Les *groupes de dames* étaient représentés au Congrès national de 1906, et le nombre ainsi que la provenance de leurs délégués témoignaient de la rapide extension qu'ils avaient prise à travers toute la France.

Nous avons dit les *groupes de dames*, et non le *Sillon féminin*, car il n'y a pas de *Sillon féminin*, il n'y a que le *Sillon*. Un rapport présenté au Congrès au nom de ces groupes insiste très opportunément sur la nécessité d'éviter toute ambiguïté à ce sujet : « De même, dit l'auteur du rapport, qu'on ne se représenterait pas une charité chrétienne féminine à côté d'une charité chrétienne masculine, le mot charité étant employé ici dans le sens d'amour, on ne peut comprendre un mouvement féminin du *Sillon* à côté du mouvement des hommes. »

« Le *Sillon* doit arriver à être assez fort pour pénétrer la famille tout entière. »

«..... Le *Sillon* nous appartient à tous et dès lors qu'il répond à nos aspirations, à nos besoins d'apostolat, nous pouvons dire : « Je suis du *Sillon* (1). »

Les encouragements de l'Eglise ne nous ont fait défaut à aucun moment de notre laborieuse action. Tous les Cardinaux de France, un très grand nombre d'Evêques, le Souverain Pontife Léon XIII et son successeur Pie X nous ont comblés des témoignages de leur bienveillance(2); et cela est d'autant plus significatif que nous ne pouvions pas, comme d'autres groupements, nous ranger parmi les associations diocésaines ou paroissiales. La nature même de notre mouvement nous obligeait à garder, en effet, avec la pleine responsabilité de nos actes, ce genre d'indépendance que la tradition catholique reconnait comme allant de soi pour une action sociale telle que doit être la nôtre.

Mais ce qui nous est plus précieux encore que les témoignages officiels d'approbation, c'est l'affection paternelle des saints Evêques et des dignes prêtres qui n'ont jamais cessé, au moment

---

(1) Cf. *L'Esprit démocratique*, par Marc Sangnier : « Nos auxiliaires. »

(2) Un certain nombre de ces témoignages d'approbation donnés au *Sillon* ont été recueillis en un fascicule sous le titre de *Lettres et Documents*.

où les épreuves nous assaillaient le plus cruellement, de nous parler de Dieu et de parler à Dieu pour nous ; c'est le dévouement de toute cette phalange sacerdotale qui prodigue ses soins et son zèle à un si grand nombre de nos groupes, et qui, pour nous apprendre à servir la cause, la sert elle-même avec désintéressement, sans aspirer à aucune mainmise sur les modestes résultats de nos efforts. Ce nous est une très grande joie de constater que cette phalange n'a jamais été, autour de nous, aussi nombreuse qu'aujourd'hui.

Somme toute, le *Sillon* est, déjà actuellement, un grand mouvement social ; ses accroissements au cours même de cette année 1906, témoignent de la plus intense vitalité ; il groupe des éléments nombreux et divers, et il les réunit dans une très forte unité. Nous osons dire ces choses, car humilité est vérité, et nous reconnaissons, dans ce qui paraît notre œuvre, la main de plus grand que nous.

Que veut le *Sillon* et où va-t-il ? Quels principes président à sa vie et quel idéal social aspire-t-il à faire prévaloir ? C'est ce que les chapitres suivants doivent préciser.

CHAPITRE DEUXIÈME

Précisions.

I. Ce que le Sillon n'est pas ; ce qu'il ne prétend pas faire.
II. Le Sillon a-t-il droit de dire que, pour réaliser la démocratie, il fait appel aux forces sociales du catholicisme ?
III. Le Sillon est laïque.
IV. Le Sillon est autonome.
V. Le concours des prêtres au Sillon.

I

Ce que le Sillon n'est pas ; ce qu'il ne prétend pas faire.

Sommaire : Le *Sillon* n'est pas un parti. — Il n'est pas une secte. — Le rôle du *Sillon* n'est pas d'élaborer les codes et le programme économique de la démocratie ; — sa tâche est à la fois plus humble et plus haute. — Le *Sillon* n'est pas une école d'apologétique nouvelle. — Le *Sillon* groupe d'amis. — Le *Sillon* n'aspire pas à faire la démocratie française à son image.

De toute évidence, pour quiconque a examiné sans idées préconçues l'histoire de ses origines, le *Sillon* n'est pas un parti.

Avoir un programme minimum sur lequel le plus grand nombre possible de citoyens puisse tomber d'accord ; écarter de ce programme, avec beaucoup de soin, tout ce qui, provoquant des craintes, effarouchant des susceptibilités, pourrait diminuer le nombre des adhérents ; voilà la tactique d'un parti. Celle du *Sillon* est toute différente : il demande à qui vient à lui de se donner tout entier, de s'oublier pour ne plus voir que la cause à servir ; ce qui n'est guère de nature à attirer le grand nombre.

Le *Sillon* n'est pas davantage une secte. La caractéristique des sectes, c'est de demander avant tout et par dessus tout, le dévouement sans condition ; l'obéissance même sans comprendre, l'obéissance aveugle au mot d'ordre donné. Le *Sillon*, au contraire, ne veut personne qui marche de confiance, qui suive le mouvement, qui fasse à la cause le sacrifice de ses opinions. Le vrai Sillonniste dit : toutes les idées du *Sillon* sont mes idées ; mais il pourrait aussi bien dire : mes idées, voilà les idées du *Sillon*.

Nous n'avons jamais cru, d'autre part, que la mission du *Sillon* fût d'élaborer les codes et le programme économique de la démocratie française ; c'est l'œuvre de spécialistes. Plusieurs de nos amis sont devenus ou deviendront, de par leur carrière, des juristes ou des économistes, et ils pourront contribuer, avec d'autres, à la réalisation de ce grand travail ; mais la mission du *Sillon*, en tant que *Sillon*, est à la fois plus humble et plus haute.

Plus humble : nous ne connaissons, nous ne cherchons à faire connaître que les principes très généraux sans lesquels il n'y aura jamais de démocratie, principes dont la connaissance n'exige pas de science : fraternité, volonté de faire régner la justice ici-bas autant que cela est au pouvoir des sociétés humaines, nécessité de subordonner l'intérêt particulier à l'intérêt général, stérilité de nos efforts vers le mieux si nous prétendions nous passer des forces sociales du catholicisme.

Plus haute : car nous aspirons à quelque chose de mieux qu'à donner un enseignement. Ce que nous ferons, ce à quoi le *Sillon* a travaillé jusqu'à présent, ç'a été à faire pénétrer ces principes dans des âmes et dans des cœurs pour qu'ils y deviennent le mobile de la conduite journalière, la règle de tous les actes, et pour qu'ainsi s'établisse, dans une élite d'abord, puis par cette élite dans les masses, un puissant courant de vie démocratique. Et nous disons que c'est là faire œuvre plus haute que d'élaborer les codes et les programmes de la démocratie, car il vaut mieux produire la vie que d'en décrire les lois.

Surtout, le *Sillon* n'est pas une école d'apologétique nouvelle ; il ne s'occupe ni d'exégèse ni de spéculations théologiques d'aucune sorte ; son travail social lui suffit amplement, et la science religieuse dont il a besoin pour le bien accomplir, c'est celle qui fait connaître Jésus, l'aimer, se dévouer à Lui pour Lui-même, et aux autres pour Lui. Le seul genre d'apologétique auquel il aspire, dans lequel, avec la grâce de Dieu, il voudrait exceller, ce serait, par la vie de ses membres, de prouver au monde que l'Evangile est praticable dans tous les temps et dans toutes les conditions. Faire cette démonstration, n'est-ce pas le devoir de tout chrétien (1) ?

Le *Sillon* est tout simplement un groupe d'amis qu'une parfaite communauté d'idéal, d'as-

---

(1) *L'Esprit démocratique*, par Marc SANGNIER : « Quiétude ».

pirations et de sentiments a réunis. C'est une communion d'âmes sœurs, qui s'ignorent parfois elles-mêmes jusqu'à ce qu'une rencontre les révèle les unes aux autres. Dès l'origine le *Sillon* s'est défini une amitié, et c'est précisément pour cela qu'il a été une si grande force; nous disons bien une grande force, car, soit qu'on admire son œuvre, soit qu'on la déplore, on est forcé de convenir et l'on convient, en effet, que son rayonnement à travers toute la France est la preuve d'une extraordinaire vitalité.

N'oublions pas de déclarer avant d'aller plus loin, que le *Sillon* ne rêve pas de faire la démocratie française à son image. Il serait puéril, en effet, de vouloir que tout le peuple français soit simplement un groupe d'amis, une communion d'âmes. A mesure que nous avancerons dans cette étude, nous verrons que le *Sillon* a une structure toute spéciale qui ne saurait être celle d'une démocratie faite pour tous nos concitoyens. Nous pourrions dire — on nous permettra cette comparaison — que le *Sillon* est un instrument, un outil apte à faire de bon travail démocratique ; or, l'outil ne ressemble pas à l'objet qu'il façonne, il n'a pas les formes qu'il produit.

Cette comparaison, d'ailleurs, n'est qu'une comparaison : poussée à la limite elle serait fausse, car la démocratie n'est pas quelque chose d'inerte, mais de vivant ; le *Sillon* aussi.

II

Le Sillon a-t-il le droit de dire que, pour réaliser la démocratie, il fait appel aux forces sociales du catholicisme ?

SOMMAIRE : Pour réaliser la démocratie, le *Sillon* fait appel aux forces sociales du catholicisme. — Le devoir social et les enseignements de l'Eglise. — Devoir social, devoir religieux. — Dans notre travail social, faire appel aux forces sociales du catholicisme est pour nous un devoir. — Misérable objection. — La république démocratique a besoin, plus que toute autre forme de gouvernement, de faire appel aux forces sociales du catholicisme. — Le christianisme est-il une fin ou un moyen ? (note) — Opinion de deux cardinaux français.

Le *Sillon* travaille à *réaliser la démocratie* en France ; pour l'accomplissement de cette grande tâche, il *fait appel aux forces sociales du catholicisme*.

Disons, pour mémoire, que la démocratie ne peut être désirée qu'à la condition qu'elle soit une forme d'organisation sociale et de gouvernement juste, honnête, conforme aux intérêts publics, respectueuse des droits de Dieu et des droits de tous (1). Cela entendu, examinons si la seconde partie du programme : *faire appel, pour réaliser la démocratie*, aux forces sociales du catholicisme, implique quelque erreur au point de vue moral, social ou religieux (2).

Nous croyons opportun ou, plus exactement, nécessaire, qu'il s'établisse en France, et cela au plus t ', une démocratie organique, et que, si cela n'a pas lieu, nous allons sombrer dans l'anarchie ou recommencer — ce qui nous effraie à peu près autant — à courir vers l'inconnu avec quelque problématique *Sauveur*. Il est évident, d'un autre côté, que la démocratie ne peut s'établir que si les citoyens français font le nécessaire pour cela ; d'où nous concluons que c'est notre *devoir social* de travailler à faire la démocratie.

Pour des raisons différentes, mais par une dé-

---

(1) Dans la deuxième partie de cet ouvrage nous étudions la démocratie ; c'est là que nous justifierons nos préférences pour cette forme d'organisation politique et sociale. Nous n'en parlons ici que dans la mesure où il est nécessaire pour justifier, au point de vue de la raison et de la religion, la méthode d'action sociale adoptée par le *Sillon*.

(2) *L'Esprit démocratique*, par Marc Sangnier : « Christianisme et Démocratie ».

duction analogue à la nôtre, les monarchistes expliquent que leur *devoir social* est de travailler à la restauration du trône.

Evidemment, quelqu'un de nous se trompe ; les monarchistes déclarent que c'est nous ; nous nous tenons pour assurés que ce sont eux (1). Qui nous mettra d'accord ? Nos concitoyens ? Hélas ! non. L'étranger ? Peut-être, mais la consultation risquerait de coûter cher. — L'Eglise ? Ecoutons ses enseignements : elle prescrit le respect des régimes établis, et ceci donnerait tort à nos adversaires ; mais en matière de théorie pure, elle proclame que : « en ayant soin de se confor-

(1) Nous professons le plus grand respect pour la science historique et nous croyons à la valeur des raisonnements qu'on peut baser sur une étude sérieuse du passé ; nous admettons comme certains monarchistes, avec qui nous discutions dans ces tout derniers temps, qu'on puisse, sur les données de l'histoire, baser des conclusions tendant à préférer un régime à un autre ; mais nous nous séparons d'eux quand ils prétendent que ce raisonnement peut être établi avec une sorte d'évidence géométrique, de telle sorte que la non admission des conclusions serait une preuve manifeste d'impuissance cérébrale.

Sans doute, une raison qui dominerait d'assez haut l'ensemble de l'histoire pour y voir, sans péril d'erreur, l'enchaînement des faits et les raisons profondes de cet enchaînement, arriverait nécessairement à une conclusion qui serait la seule possible et la seule juste. Mais où est cette raison ? où est cette connaissance *absolue* des faits historiques dans leur détail et dans leur ensemble ? Nous

mer à la justice, les peuples peuvent se donner telle forme politique qui s'adapte mieux à leur génie propre, ou à leurs traditions et à leurs coutumes ». C'est le pape Léon XIII qui s'exprime ainsi dans l'encyclique *Diuturnum* du 28 juin 1881, et il ne fait que répéter l'enseignement de la tradition catholique. L'Eglise nous déclare qu'en matière d'option pour un régime politique, nous n'avons qu'à faire pour le mieux, en nous conformant à la justice.

Ces questions sont de celles où les citoyens sont livrés à leurs propres lumières, où ils n'ont pour se guider que les leçons de l'histoire, la

nous mouvons dans le contingent, dans le relatif où l'erreur est toujours possible.

« Mais alors, reprenaient nos contradicteurs, il ne faut pas agir ; il faut attendre la pleine lumière. » Et nous leur répondions : « Voilà l'écueil ! L'histoire ne s'arrête pas pour attendre la fin de nos réflexions ; la marche incessante de la société vers l'avenir nous entraîne avec elle ; notre barque n'est pas à l'ancre, mais en pleine eau ; il faut prendre un parti. Ce parti, il faut le prendre avec les lumières que nous avons, en cherchant à nous dégager autant que possible de nos passions et de nos intérêts trop immédiats ; mais il faut nous décider. Dans ces conditions ni Dieu, ni les hommes, ni notre conscience n'auront rien à nous reprocher, même si nous nous trompons. La nécessité de la pleine lumière, impossible d'ailleurs pour l'humanité, est une excuse trop commode pour ne point agir ; un trop élégant déguisement jeté sur la paresse qui veut se dérober au travail imposé. »

connaissance du présent, les principes chrétiens sur le droit et la justice, les enseignements du catholicisme sur le pouvoir et l'autorité, où l'Eglise leur dit : Respectez le pouvoir établi, et si, ce pouvoir venant à disparaître, vous avez à le remplacer, choisissez le plus sagement possible la nouvelle forme de gouvernement ; mais choisissez-la vous-mêmes.

Ainsi nous devons prendre pour notre *devoir social* ce qui, en notre âme et conscience, nous paraît être le meilleur, le plus approprié au bien du pays. Pour les Sillonnistes, ce devoir social — ils en sont intimement convaincus — est de travailler à faire la démocratie.

Or, nous admettons sans difficulté avec M. Brunetière (1) que la question sociale étant une question morale, et la question morale une question religieuse, il s'ensuit que la question sociale est une question religieuse ; et nous dirons à notre tour que le devoir social nous apparaît comme un devoir moral et comme un devoir religieux.

Si l'on récusait M. Brunetière, nous pourrions en appeler à un philosophe dont la parole mérite

(1) *Sur les chemins de la croyance*, chap. III. — Paris, Perrin, 1905.

le plus grand respect : « La religion, dit cet auteur, peut seule créer le lien social... Sans le perfectionnement moral, difficilement on démontrerait que la société civile ne tournerait pas au détriment de l'homme... La moralité dans l'homme suppose nécessairement Dieu, et avec Dieu la religion ». Les trois termes : devoir social, devoir moral, devoir religieux, se retrouvent ici avec le lien nécessaire qui les unit, et c'est la parole de Léon XIII que nous venons de lire.(Encyclique du 16 février 1892. Aux catholiques de France.)

Il n'y a donc rien de téméraire, ni de suspect à soutenir, en thèse générale, que le devoir social apparaissant comme un devoir religieux, le catholique, pour remplir son devoir social devra faire appel à la force surnaturelle qu'il trouvera dans son catholicisme. Notre cas spécial étant celui de catholiques persuadés que leur devoir social est de travailler à faire la démocratie, nous avons donc parfaitement raison de faire appel, pour réaliser cette tâche, aux forces sociales du catholicisme.

Sans nous causer nul étonnement — car nous sommes habitués à trouver l'Eglise notre Mère admirable de raison humaine en même temps que de divine sagesse — l'enseignement qu'elle nous donne en cette matière nous apporte un grand réconfort. Combien cette saine théologie nous paraît belle quand nous nous rappelons la pauvreté des sophismes auxquels parfois nous avons dû répondre : « La démocratie appartient à l'ordre naturel, nous disait-on ; le catholicisme opère dans le surnaturel ; vous faites donc une confusion déplorable et vous allez droit à l'hérésie ». Distinguer est nécessaire pour ne point confondre ; mais distinguer pour distinguer, c'est le sûr moyen d'embrouiller les questions les plus simples. Aussi Marc Sangnier répondait-il : « Vous avez peur de rabaisser Dieu en faisant intervenir son secours dans nos besognes sociales ! Regardez donc la Sœur de charité soignant les pauvres malades : a-t-elle peur d'invoquer le secours d'En-Haut pour des tâches d'ordre infiniment plus humble et qui seraient abjectes si son dévouement chrétien ne les rendait sublimes ! Et c'est la Sœur de charité qui a raison (1) ».

(1) On nous pose quelquefois cette question : « Dites-nous une bonne fois si le catholicisme est pour vous une fin ou un moyen ; vous le rabaissez en prétendant vous en

Si nous insistons d'une façon toute particulière sur cette question, c'est que faire la république démocratique est une tâche excessivement ardue, qui réclame dans une plus grande mesure le concours des forces sociales du catholicisme. C'était l'avis de deux illustres Cardinaux morts sous la troisième République :

« Si tout Etat, pour subsister et prospérer, a besoin de religion, écrivait Mgr Guilbert, archevêque de Bordeaux, l'Etat démocratique est certainement celui auquel elle est le plus indispensable, parce qu'il est de tous celui qui réclame le plus de vertus, de patriotisme, d'esprit de sacrifice et de dévouement, et conséquemment le plus de sens religieux... »

servir pour réaliser la démocratie. » Vraiment, il n'y a pas là de quoi nous embarrasser. Il n'y a qu'une seule fin, c'est Dieu ; tout doit nous servir de moyen pour atteindre cette fin, et, parmi les moyens d'aller à Dieu, c'est-à-dire de réaliser sa volonté ici-bas, la religion est le premier de tous. La religion est donc pour nous le moyen de remplir les devoirs du culte divin, comme aussi de faire une démocratie conforme aux desseins de Dieu sur l'homme et la société. Elle est pour nous le *moyen de remplir notre devoir social ;* seule elle peut nous le faire accomplir d'une façon qui nous mène vers Dieu, comme tout ce que nous faisons doit nous y mener : « Soit que vous mangiez, soit que vous buviez, ou quelque chose que vous fassiez, faites tout pour la gloire de Dieu. » (Saint Paul).

Et Mgr Guibert, le prédécesseur de Mgr Richard à l'archevêché de Paris : « Comment ne pas voir, disait-il, que s'il y a un Etat qui réclame l'application des principes évangéliques, c'est-à-dire, le respect de l'autorité, l'abnégation personnelle, l'esprit de sacrifice, l'amour de nos frères, c'est précisément l'état républicain ? La pratique austère des vertus évangéliques est le seul contrepoids que l'on puisse apporter aux libertés de la forme républicaine, lesquelles, sans cela, dégénèrent toujours en licence et amènent le désordre dans la société ».

III

Le Sillon est laïque.

SOMMAIRE : Comment le *Sillon* est laïque. — Distinction des deux sociétés, ecclésiastique et civile. — Mission de l'Eglise. — Appui que la société civile trouve dans l'Eglise pour réaliser sa mission propre. — Rôle du prêtre, rôle du laïc. — Parole du prêtre, parole du laïc. — La présence des prêtres dans ses groupes n'empêche pas que le *Sillon* soit laïque. — Une comparaison.

Après avoir établi que, non seulement le *Sillon* peut déclarer qu'il fait appel, pour réaliser la démocratie, aux forces sociales du catholicisme, mais qu'il doit nécessairement le faire si les Sillonnistes sont de vrais catholiques ; voici qu'il nous faut montrer, comme suite à la constatation de l'esprit religieux dont notre mouvement est animé, que le *Sillon* est bien *laïque*. Cette démonstration ne contredira pas la précédente, ce qui est laïque pouvant fort bien être religieux.

Le *Sillon* est *laïque*, c'est-à-dire que par son action et sa fin, il est du côté de la société civile, et qu'il représente un effort de celle-ci pour réaliser son but naturel, à savoir : le règne de la paix sociale dans l'ordre par le maintien de la justice et du droit.

La société civile est une société comme l'Eglise en est une ; toutes les deux sont *parfaites* dans le sens théologico-juridique de ce mot, car toutes les deux ont leur raison d'être et leur fin propre ; elles peuvent se concevoir l'une sans l'autre et, de fait, la société civile a précédé l'Eglise.

C'est pourquoi, même au Moyen Age quand la société civile et la société ecclésiastique avaient les mêmes sujets, quand tout citoyen était en même temps un enfant de l'Eglise, celle-ci n'a jamais prétendu étendre son domaine sur la société civile au point de l'absorber, de lui enlever son existence distincte et ses organes propres.

Aujourd'hui, cette distinction des deux sociétés est beaucoup plus accentuée qu'alors, tout citoyen n'étant pas nécessairement, tant s'en faut, un enfant de l'Eglise, et un grand nombre de citoyens n'ayant même aucun lien qui les rattache à l'Eglise.

Pourtant, aujourd'hui comme hier et toujours, l'Eglise conserve sa mission : tout ce qui est relatif au culte divin et au salut des âmes est son domaine propre.

Et il est évident que dans les pays catholiques, la société civile, pour réaliser sûrement sa fin, pour maintenir la paix dans la justice, trouve un merveilleux adjuvant dans les divins enseignements dont l'Eglise a le dépôt : dans la morale évangélique, dans les principes catholiques sur le juste et l'honnête, sur l'autorité et le droit. Elle doit s'efforcer de baser sur ces principes toute son organisation, d'en faire pénétrer la salutaire vertu dans ses lois et dans ses institutions. L'Eglise le souhaite ; comme Dieu dont les trésors ne demandent qu'à se répandre, elle laisse la société laïque puiser à pleines mains dans ses richesses, réservant toutefois son droit de contrôle pour rectifier les fausses interprétations si elles se produisent.

Comme il importe de parler aux foules pour leur faire aimer l'ordre et la justice, les laïcs parleront, mais autrement que les prêtres. C'est le prêtre et non le laïc qui dit, au nom de Dieu, ce qu'il faut croire et ce qu'il faut faire pour être sauvé, qui donne les règles de la vie chrétienne, aussi bien pour les sociétés que pour les individus.

Mais il est dans le rôle du laïc capable de parler à ses concitoyens, d'étudier avec eux les organismes sociaux, de montrer comment ces organismes fonctionnent bien quand telles conditions sont remplies, et mal quand ces conditions sont violées. Et si, comme cela est arrivé pour Le Play, par exemple, ce laïc établit par des preuves convaincantes, sans recourir à l'argument de la Foi, que l'observation du *décalogue éternel* est la condition de la prospérité des peuples, on ne devra pas dire qu'il a fait incursion dans le domaine réservé au prêtre ; il faudra convenir qu'il est resté dans son domaine d'économiste ou de juriste, et que, s'il a fait œuvre d'apologiste, c'est avec ses moyens propres *qui ne sont pas d'ordre théologique.*

Donc l'Eglise, par la hiérarchie sacrée, conduit l'humanité vers Dieu en lui révélant les vérités éternelles dont elle a le dépôt. De leur côté, dans la société civile, les laïcs chrétiens capables d'agir sur leurs concitoyens s'efforcent, par la parole et par l'action, de détruire tout ce qui, dans les institutions publiques et dans les mœurs privées, dans les pratiques sociales et dans les opinions courantes, maintient des idées et des usages en opposition avec l'esprit chrétien.

Ces laïcs ne parlent pas, comme le prêtre, au nom d'un Dieu qui autorise leur parole, ils restent dans leur rôle de laïcs ; ils veulent être les promoteurs du mieux-être social, comme ils devraient l'être si même le Christ n'était pas venu et n'avait pas fondé son Eglise ; ils remplissent un rôle dont l'Eglise ne peut pas les dispenser, car ce rôle est l'accomplissement d'un devoir que leur impose la morale naturelle.

L'action de ces laïcs est certainement une collaboration à l'action du prêtre, mais une collaboration qui s'exerce sur le terrain laïque, au nom des intérêts dont les laïcs ont la garde. D'ailleurs, il ne faut pas s'étonner que leur effort vers le mieux au point de vue civique tourne à l'édification des âmes et renforce le courant de vie religieuse qui circule dans la nation, car tout bien vient de Dieu, au temporel comme au spirituel, et doit contribuer à nous élever vers lui.

La présence des prêtres parmi nous n'empêche nullement le *Sillon* d'être et de demeurer laïque. Quand les prêtres nous exhortent à la piété, cultivent la vertu dans nos âmes, nous administrent les sacrements, il est clair qu'ils n'agissent pas et ne sauraient agir comme mandataires du *Sillon*, mais comme ministres de l'Eglise ; ils ne sont pas alors Sillonnistes, mais membres de la hiérarchie sacrée. Quand, au contraire, ils font la même besogne que nous, quand ils travaillent avec nous et comme nous à réaliser la démocratie ; ils ne font pas œuvre de ministres de Dieu, mais œuvre de citoyens ; ils sont alors Sillonnistes ; leur action pourrait aussi bien être exercée par un laïque, elle ne requiert, ni ne revêt aucun caractère ecclésiastique.

De même qu'une banque, si ses directeurs s'inspirent de tous les enseignements de l'Eglise sur l'intérêt et l'usure, serait chrétiennement administrée, mais ne perdrait pas son caractère d'établissement financier pour prendre celui d'établissement ecclésiastique ; de même le *Sillon*, tout en s'inspirant des enseignements sociaux de l'Eglise, et en recourant aux forces sociales du catholicisme pour faire la démocratie, ne cesse pas d'être un mouvement laïque, parce que situé dans la société civile et agissant pour les fins de la société civile.

IV

Le Sillon est autonome.

SOMMAIRE : Ce n'est pas au point de vue religieux que le *Sillon* est autonome. — Le *Sillon* et la « Société d'économie sociale ». — L'autonomie n'est pas l'indépendance. — Divers magistères de l'Eglise : enseignement, direction, correction. — Le *Sillon* et ces divers magistères. — Opportunité de notre attitude : pas de privilèges. — L'épiscopat et le *Sillon*. — Signification des approbations épiscopales. — La bonne marche.

Groupement laïque, le *Sillon* est aussi un groupement *autonome*. « Il ne s'agit, bien entendu, en
« aucune façon ici, d'autonomie religieuse. Ceux
« qui ont fondé et qui dirigent le *Sillon*, étant
« des catholiques, acceptent évidemment pleine-
« ment l'autorité et la discipline de l'Eglise.

« Mais l'œuvre qu'ils ont entreprise, c'est dans
« leur pleine indépendance civique qu'ils l'ont
« conçue. Les groupements du *Sillon* ne sont
« donc pas comme les patronages paroissiaux,
« des sociétés de jeunes gens dirigées par le cler-
« gé ou des laïques délégués par lui, des œuvres
« diocésaines, des organes annexes de la paroisse
« ou du diocèse, des instruments dont l'Eglise
« officielle se sert en vue d'exercer son magistère
« spirituel (1) ». Le *Sillon*, qui n'est qu'un groupe
constitué dans la société civile et agissant pour
les fins de la société civile, se trouve donc, par
rapport aux autorités ecclésiastiques dans une
situation qui ne manque pas d'analogie avec
celle de la *Société d'économie sociale*, de Frédéric
Le Play, par exemple. Cette société, dont l'organe
est la *Réforme sociale*, compte dans son sein des
catholiques éminents et des prêtres ; des évêques même y sont entrés, et elle a reçu des encouragements publics de l'autorité pontificale.
Mais jamais la hiérarchie ecclésiastique n'est in-
tervenue pour lui tracer son programme ou diri-

---

(1) *Le Sillon. Esprit et Méthodes*, par Marc SANGNIER, page 25, note.

ger ses travaux ; la Société d'économie sociale est restée autonome.

L'autonomie pour des catholiques ne saurait d'ailleurs jamais se confondre avec l'indépendance, car l'Eglise, gardienne vigilante de la vérité, réserve toujours son droit de contrôle sur la pensée, la parole et l'action de ses enfants. Nous relevons d'elle à tous les instants ; mais son autorité sur nous s'exerce de différentes façons : elle nous conduit par ses enseignements, nous aide par ses directions, nous redresse par ses corrections. En tout ce qui a rapport au culte de Dieu et au salut éternel, nous, laïques, nous sommes des disciples ; nous ne faisons pas la doctrine, nous la recevons. En matière d'études et d'action sociales, nous, laïques du *Sillon*, nous ne partageons pas l'erreur libérale qui voudrait soustraire à l'Eglise tout ce qui est d'ordre temporel. Nous savons que le citoyen et le chrétien sont une même personne, que les intérêts de la cité et ceux de l'Eglise se compénètrent souvent, et que l'Eglise, à cause de la supériorité de sa mission, puisque le spirituel l'emporte sur le temporel, a dû donner et a donné, en effet, au cours des siècles un enseignement social dont tout catholique a le devoir de tenir compte. Cet enseignement, ce sont les directions de l'Eglise, quant à l'ordre temporel, en tant que les questions qui s'y rattachent sont connexes à l'ordre spirituel dont elle a la garde, ces directions laissent souvent une large place à l'initiative et à la liberté — nous l'avons vu en ce qui concerne le choix d'un gouvernement — mais elles fixent des principes généraux dont on ne doit pas s'écarter.

C'est pourquoi nous nous préoccupons de connaître ces directions afin de ne jamais rien dire ni rien faire qui nous mette en opposition avec elles. C'est pourquoi aussi nous tenons à agir au grand jour, à n'avoir rien de secret, afin que l'autorité ecclésiastique sache tout ce qui se passe parmi nous et que, si nous nous trompons, elle puisse remplir envers nous, par ses avertissements ou ses réprimandes, son magistère de correction.

Les prêtres participant à notre mouvement, et qui sont si nombreux parmi nos conseillers de cercles surtout, reconnaissent tous l'heureuse opportunité de l'attitude prise dès l'origine et de plus en plus nettement affirmée par le *Sillon* dans toute son action extérieure, attitude qui peut se résumer ainsi : *Nous ne voulons pas de privilèges ; où l'Eglise commande, nous obéissons; où Elle conseille, nous nous efforçons d'entrer dans ses vues ; où Elle laisse le citoyen à sa propre initiative, nous gardons notre autonomie avec toutes les responsabilités qui en sont la conséquence, sans Lui demander de prendre parti là où Elle n'a pas jugé bon de le faire.*

Une autre considération importante peut contribuer aussi à déterminer la nature des relations du *Sillon*, en tant que mouvement social laïque, avec l'autorité ecclésiastique. C'est que pour réaliser son but le *Sillon* a besoin d'exercer son action à travers tout le pays ; or, si les Evêques sont un dans la foi, ils ne sont pas obligés d'avoir la même unité en matière d'opinion politique et sociale ; tous nous montrent le même idéal chrétien ; mais tous ne nous parleront pas avec le même enthousiasme de telle forme politique déterminée, et c'est leur droit. Cette réflexion nous amène à ne pas prendre le change sur la signification des encouragements dont l'épiscopat honore si souvent nos pauvres efforts.

Le *Sillon* est loué par le Prélat de tel diocèse ;

cela n'entraîne pas pour les fidèles l'obligation stricte d'être sympathiques à notre mouvement, car aucun Evêque de France ne croit pouvoir commander à ses diocésains d'être tous de fervents démocrates, pas plus que d'être tous d'ardents royalistes. L'Evêque, comme l'Eglise elle-même, respecte la liberté des citoyens en matière de préférences politiques et sociales. Ceci, par ailleurs ne diminue en aucune façon le haut prix que nous attachons à ces paternels encouragements : ils nous accréditent moralement et nous inspirent à nous-mêmes confiance et courage.

De plus en plus nous voyons que la bonne marche, celle qui a été la plus favorable à notre propagande et nous a en même temps le mieux servi auprès des autorités diocésaines, c'est de travailler sans éclat, mais au grand jour, en veillant à ce qu'on puisse toujours savoir ce que nous faisons. De cette façon, les Prélats prennent envers nous l'attitude que, dans leur prudence, ils jugent la plus convenable : selon les cas, ils paraissent vouloir nous ignorer, et nous devons respecter leur réserve ; ou bien, et c'est le cas ordinaire, ils ne tardent pas à nous encourager, et nous devons leur en témoigner notre reconnaissance. Quant aux blâmes, nous n'avons pas à les craindre pour l'action que nous nous proposons d'exercer, car cette action est licite, honnête et conforme à l'esprit du catholicisme — ceci nous a même été déclaré dans des documents publics par nombre d'Evêques et par les souverains pontifes Léon XIII et Pie X ; — mais nous pourrions encourir de justes censures si, dans notre manière d'exercer cette action, nous manquions de tact et de prudence, surtout si nous avions le malheur de blesser la justice ou la charité ; c'est ce à quoi il faut prendre garde.

V

Le concours des prêtres au Sillon.

Sommaire : Les Sillonnistes et le prêtre. — Les confidences mutuelles et le recours au prêtre. — Le clergé paroissial et le *Sillon*. — Le prêtre conseiller de cercle : conseils d'un prêtre conseiller de cercle à un confrère. — Le *Sillon* et l'autorité religieuse.

Quoique laïque et autonome, le *Sillon* ne peut prospérer que si ses membres vivent d'une vie chrétienne très intense ; cela découle de la difficulté même de la tâche sociale qu'ils ont assumée : de grands devoirs à remplir demandent plus de secours d'En-Haut, exigent, par conséquent, une plus grande union avec le Christ source de toute grâce.

C'est pourquoi les Sillonnistes aiment le prêtre dont la mission divine est de donner Jésus-Christ aux âmes, le prêtre qui a lumière et assistance pour conseiller et guider (1).

Les Sillonnistes entre eux ne se gênent pas pour se communiquer leurs peines et leurs joies, leurs bons désirs et leurs pieux projets ; mais c'est dans la mesure où l'Apôtre veut que les fidèles s'édifient, s'exhortent mutuellement, se

(1) « Et l'anticléricalisme ? Les Sillonnistes n'ont-ils pas dit qu'ils n'étaient pas des cléricaux ; qu'ils étaient même anticléricaux » ? — Mauvaise querelle, en vérité. Nous sommes certainement cléricaux comme tout catholique doit l'être, si cléricalisme veut dire affection, respect, dévouement à la hiérarchie sacrée ; jamais nous n'avons été anticléricaux, c'est-à-dire ennemis du clergé ; comment cela aurait-il pu être ? — Notre anticléricalisme très réel consiste uniquement à ne pas vouloir que la confusion païenne du pouvoir spirituel avec le pouvoir temporel se refasse. Le César devant qui les martyrs étaient lacérés, brûlés, crucifiés, livrés aux bêtes, était pontife en même temps qu'empereur ; c'était là le cléricalisme dans toute son horreur, le cléricalisme dont le Christ a prononcé l'arrêt de mort quand il a dit : « A César ce qui est à César ; à Dieu ce qui est à Dieu. » Nous ne voulons pas la main-

soutiennent les uns les autres, et cela ne diminue pas, bien au contraire, la fréquence de leurs recours au prêtre. Le *Sillon* n'a jamais donné dans les abus de la *direction* laïque usurpatrice, dont certaines œuvres catholiques ont eu parfois à gémir : fixation de jours de confession, indication de communions générales au risque de provoquer des sacrilèges. Ce qui touche aux sacrements ne peut être que le domaine du ministre de Dieu.

La mission du prêtre appartenant au clergé paroissial et qui a des rapports avec le *Sillon*, ce qui est le cas d'un grand nombre d'ecclésiastiques conseillers de nos cercles d'études, est par-

mise de l'autorité temporelle sur les choses d'ordre spirituel. Quant aux empiètements de la puissance spirituelle sur le temporel, ils ne sont pas dans l'esprit de l'Eglise, qui distingue admirablement les deux pouvoirs Léon XIII, dans sa *Lettre aux catholiques de France*, du 16 février 1892, repousse comme une « calomnie astucieuse », comme une « imputation odieuse » l'intention qu'on prête à l'Eglise de vouloir s'arroger une « domination politique sur l'Etat ». C'est ainsi, et point autrement, que nous sommes anticléricaux.

Remarquons, d'ailleurs, que le catholicisme est la seule barrière au cléricalisme entendu dans le sens de la confusion des pouvoirs : dès qu'une nation chrétienne rompt le lien qui l'unit au catholicisme, le cléricalisme maudit s'y établit : ainsi dans le schisme grec où le tzar est la première autorité spirituelle ; ainsi dans le schisme anglican, fois délicate. Le prêtre est l'homme de la paroisse ; il se doit à tout le monde ; il faut que tous soient bien reçus auprès de lui ; que l'affection spéciale qu'il porte à un groupe de paroissiens ne jette pas la défiance dans le cœur des autres ; que ses préférences pour des gens dont les opinions ne plaisent pas à tous ne fassent pas mettre en suspicion la doctrine dont il est le dépositaire comme pasteur des âmes.

Tous ces points de vue méritent d'être pris en sérieuse considération ; mais il ne faudrait pas conclure de ces difficultés à la nécessité d'abstentions et de réserves qui, sans rien sauver, paralysent toute action. Un prêtre d'âge mûr nous disait à ce propos : « Les paroissiens savent bien que leur curé a ses opinions sociales et politiques, ils l'estimeraient moins de n'en avoir pas, car ils le jugeraient moins homme sans le croire plus prêtre. Ils ne lui en veulent même pas de les dire; ils trouvent cela plus crâne. Aussi je connais un excellent curé très royaliste adoré de ses paroissiens franchement républicains. Ce qui importe c'est qu'on sache que ses opinions ne l'empêchent pas de se dévouer à tous, qu'elles ne nuisent en rien à l'accomplissement de son ministère sacré, et que toute sa vie témoigne que la préoccupation dominante chez lui est d'être avant tout un homme de Dieu. »

Dans le rôle de *conseillers de cercles*, les prêtres nous rendent d'éminents services : d'abord dans les questions religieuses, leur compétence et aussi leur mission officielle en font des guides parfaits ; pour les questions d'histoire, leurs études leur ont donné une préparation fort utile ; et quant aux questions sociales, la connaissance qu'ils ont de la morale et du droit canon constitue une avance qui leur permet de les étudier d'une manière rapide et pourtant fructueuse.

C'est un de nos meilleurs conseillers de cercles qui donnait à un confrère les avis suivants :

« Quand vous parlez sur une question religieuse, votre parole ne doit pas être discutée, car vous personnifiez l'autorité ; l'échange d'idées qui suivra votre exposé ne devra servir qu'à expliquer plus clairement encore la doctrine étudiée. »

« Gardons-nous de transporter ce procédé à l'étude des questions sociales : ici, ne demandons jamais qu'on nous fasse confiance, et ne soyons satisfaits que si l'on croit parce qu'on a compris. Laissons discuter ; provoquons même la discussion, car c'est par elle que l'idée discutée, même combattue, devient chez l'objectant ou chez l'opposant, une idée personnelle. »

« Défions-nous du système qui consiste à exposer nous-mêmes le sujet, quelque sérieuse que doive être ensuite la discussion. Il vaut mieux, autant que cela est possible, faire faire l'exposé à tour de rôle par les membres du cercle. L'exposé sera peut-être moins bon ; il aura fallu de plus le préparer avec celui qui devait le faire ; mais c'est la bonne méthode. On ne saurait croire combien les jeunes gens, les très jeunes surtout, ont horreur de retrouver au cercle quelque chose qui ressemble, comme procédé, à la classe ou au catéchisme. »

« Enfin, n'oublions pas que notre autorité auprès des Sillonnistes, considérés comme Sillonnistes et non comme paroissiens, est tout entière dans la confiance que nous inspirons, car le *Sillon*, en tant que *Sillon*, ne connaît lui-même pas d'autre lien ; tous les groupements par lesquels il existe et agit ont uniquement pour base l'entente cordiale, l'union des volontés dans l'affection réciproque. Cette confiante affection, quand elle va du laïque au prêtre est sans doute pleine de respect ; mais le respect seul ne saurait la remplacer, et il n'est non plus aucune investiture officielle qui puisse la suppléer. »

Cette dernière réflexion sur l'investiture officielle est très vraie ; elle explique pourquoi nous ne pouvons pas demander à l'autorité ecclésiastique de nous donner des prêtres qui s'occupent de nous. Nous sommes obligés d'attendre que ces prêtres aient rencontré le *Sillon*, qu'ils fassent connaissance avec lui, se sentent attirés par lui et ne se donnent à nous qu'en se donnant à la cause. S'ils ont alors besoin d'autorisations spéciales pour nous consacrer une partie de leur temps, ils les demanderont ; nous les demanderons avec eux si la bienveillance de l'autorité nous le permet.

D'ailleurs, nous n'aspirons en aucune façon à être placés sous une sorte de juridiction extraordinaire qui, nous donnant des aumôniers attitrés, créerait à notre profit un groupement religieux spécial tel que ceux constitués par les Tiers-Ordres ou les Congrégations de la Sainte Vierge. Notre groupement religieux, c'est la paroisse ; nos supérieurs ecclésiastiques, ce sont nos Pasteurs légitimes, nos curés et le clergé paroissial et, en dehors des soins que leur mission nous garantit de leur part comme paroissiens, nous ne pouvons attendre d'eux qu'un concours tout spontané si notre idéal devient le leur.

CHAPITRE TROISIÈME

Le Sillon « un ».

I. L'âme commune.
II. La collaboration fraternelle.
III. L'unité et l'unanimité au Sillon.
IV. L'autorité dans le Sillon et le recrutement du Sillon.

I

L'âme commune.

Sommaire: Une page de la revue. — La pensée et l'expression communes. — Deux phénomènes dignes d'attention. — Les âmes sœurs. — L'âme commune est autre chose qu'un patrimoine d'idées.

« Etudiants, ouvriers, officiers, jeunes prêtres, nos amis — et c'est un des caractères particuliers de notre groupe — proviennent de tous les milieux ; mais malgré leurs occupations qui les séparent, malgré les deux grandes tendances qui les portent les uns vers l'action, les autres vers l'étude, ils sentent le bienfait de posséder un foyer commun, foyer d'unité que chacun contribue à élever en apportant ce qu'il a rencontré en lui et autour de lui de profondément humain, c'est-à-dire d'universel ; dont la clarté permet de découvrir, au-dessus des tâches particulières les horizons de larges vérités, et dont la chaleur rend plus fort même pour le travail quotidien. Ils reconnaissent, à ne s'y pas tromper, qu'un même esprit les anime tous, et s'ils ne peuvent pas fournir une définition rigoureuse de cet esprit, cela ne veut-il pas dire simplement que l'on ne dissèque que des cadavres et que la vie ne s'analyse point ? »

Ces lignes de Marc Sangnier, dans la Revue du 10 janvier 1899, montrent le *Sillon* à ses débuts, et tel alors qu'il n'a jamais cessé d'être : une *âme commune*. On a pu dire : Des Sillonnistes quels qu'ils soient, placés en face d'une même question, trouveront d'instinct les mêmes solutions ; et c'est vrai. Si la même formule ne jaillit pas immédiatement de toutes les bouches — et encore cela arrive-t-il souvent — une courte discussion suffit pour que l'accord qui était déjà dans tous les esprits se fasse aussi sur les expressions qui doivent le traduire. Il y a là un phénomène en présence duquel la vie du *Sillon* nous a mis bien souvent et qui nous frappe toujours aussi vivement que quand nous l'avons constaté pour la première fois : Cent, cinq cents ou mille Sillonnistes se rencontrent dans un Congrès ou dans une journée d'études à Paris ou en Province ; une question qui n'était pas au programme de la réunion est soulevée incidemment, et voilà que sur cette question, si elle touche aux idées qui nous sont chères, tous expriment spontanément la même opinion, et dans des termes souvent identiques. Un incident survenu à Paris, s'il est connu à Lille et à Marseille, provoquera de Lille et de Marseille des lettres qui nous apporteront les mêmes réflexions, les mêmes jugements. Impossible d'expliquer suffisamment par les rencontres, l'échange de correspondance, la lecture de la Revue et des imprimés, ni même par le crédit moral du Président du *Sillon*, une consonance d'âmes si extraordinaire ; ceux pour qui elle n'est pas un fait d'expérience comme pour nous, ne sauraient s'en faire aucune idée.

Ceci est à rapprocher d'un autre fait non moins expérimental, constaté par tous ceux qui ont gagné des cœurs à la cause, qui ont recruté des Sillonnistes. A mesure que l'échange d'idées avance, le ton devient autre : au début, nos doctrines, non moins que nos formules, surprenaient, choquaient même le nouveau camarade. Le voilà qui bientôt modifie son attitude ; une reconnaissance émue, affectueuse se lit dans ses yeux : « Oh ! parle-moi encore, tu me fais tant de bien ! Ce que tu dis, je ne savais peut-être même pas le penser ; mais comme cela m'entre tout d'un coup jusqu'au fond de l'âme ! Je me sens pris tout entier; il me paraît impossible de comprendre la vie autrement que tu me la fais voir. C'est comme si je n'avais pas vécu jusqu'à présent et que je commence maintenant. Sans le savoir, je t'attendais ; j'attendais quelqu'un qui me parle comme tu me parles. Va, je sens bien que nous sommes frères et que le bon Dieu nous a faits pour travailler ensemble. »

Ainsi l'expression d'âmes sœurs correspond dans le langage du *Sillon* à une réalité vivante ; elle n'est point du tout une hyperbole traduisant une sentimentalité très vive, peut-être anormale, diraient ces étranges chrétiens pour qui le bonheur d'aimer ne peut « normalement » se trouver que dans un amour contraire à la loi de Dieu.

L'âme commune du *Sillon* est donc bien loin de n'être qu'un patrimoine d'idées. La grande chose qu'il faut réaliser pour faire la démocratie, c'est l'habitude, chez les citoyens, de subordonner leur intérêt particulier à l'intérêt général, et cela, c'est de la vertu. Ceux donc qui veulent être les propagateurs de l'esprit démocratique doivent se souvenir que pour engendrer de la vertu, il ne suffit pas de bien penser ni de parler éloquemment, mais qu'il faut soi-même être vertueux ; d'où la nécessité, pour les Sillonnistes, de faire passer avant tout l'esprit de sacrifice, le désintéressement de tous les instants, le dévouement absolu à la cause, de vivre en un mot les idées du *Sillon*. Le *Sillon* est une vie.

Et puis, ce n'est pas tout que de se proposer un idéal très élevé ; il faut avoir la force d'y tendre constamment ; voilà pourquoi les Sillonnistes invoquent le secours de Dieu ; voilà pourquoi ils ont besoin de s'aimer les uns les autres : l'isolement, c'est le froid, la faiblesse, l'impuissance ; l'amitié, c'e t le courage enthousiaste et triomphant. Le *Sillon* est une amitié.

L'âme commune, patrimoine d'idées ; cela peut suffire à l'intellectuel qui écrit des articles démocratiques dans une Revue ; il faut autre chose pour réaliser la démocratie dans les faits.

Une conséquence assez étrange résulterait du fait de concevoir l'âme commune du *Sillon* comme un patrimoine d'idées ; c'est que quiconque posséderait ce patrimoine et partagerait nos idées sociales à la fois démocratiques et catholiques, serait du *Sillon :* Sillonnistes, alors, tous les habitants des cantons catholiques suisses ; Sillonnistes aussi tous les habitants des paroisses catholiques des Etats-Unis ! N'ont-ils pas, en effet, nos idées religieuses et nos idées démocratiques ? Non seulement nos idées, mais une bonne partie des réalités qui doivent y correspondre.

II

La collaboration fraternelle.

SOMMAIRE : Ceux qui sont le plus sillonnistes. — Dans le *Sillon* aucun patronat d'une classe sur une autre. — Expériences vécues.

Parce que le *Sillon* est une amitié, parce que le *Sillon* est véritablement une vie, celui qui, en s'oubliant pour les autres, aime la cause plus que les autres, ne vit que pour la cause et voudrait mourir pour Elle ; celui-là est plus Sillonniste que les autres. Or, souvent ce vrai Sillonniste, à cause de qui Dieu bénit les efforts de tous, n'est pas le plus instruit, ni le plus éloquent; c'est un pauvre camarade, bien obscur, bien inconnu, bien effacé dans son apparente insignifiance. Nous le savons, tous nos amis le savent, et c'est pourquoi le travail, au *Sillon*, est une *collaboration* toute *fraternelle :* personne ne se demande s'il fait plus ou moins que tel ou tel ; le souci de chacun est de faire tout ce qu'il peut. Les tâches sont diverses, mais toutes nécessaires ; celui qui agit avec plus d'amour et de dévouement sert le mieux la cause.

Une telle manière d'envisager les choses exclut dans le sein du *Sillon*, toute idée de patronat d'un groupe ou d'une catégorie sur les autres: ce ne sont pas les intellectuels qui conduisent, pas non plus les ouvriers, tout le monde marche ensemble. Ce serait le triomphe de l'idéal anarchique si ce n'était, beaucoup plus heureusement, celui de l'ordre spontané produit par l'estime et la confiance réciproques. Pas n'est besoin de dire que ce caractère du *Sillon* est un de ceux que nous ne songeons nullement à faire passer dans la constitution de la République démocratique française. Pourtant nous devons le maintenir chez nous, et avec le plus grand soin ; il est essentiel à notre manière d'être ; nous sommes naturellement constitués ainsi.

Des événements récents nous ont prouvé de la façon la plus évidente, la nécessité où nous sommes, dans notre action en tant que *Sillon*, de pratiquer absolument cette collaboration de tous les éléments sociaux représentés parmi nous sans aucune subordination hiérarchique des uns aux autres, mais dans l'union fraternelle la plus absolue. Au cours de l'année 1905, l'extension prise par notre mouvement avait compliqué à tel point les services qu'il fallait nécessairement prendre des mesures pour en assurer la régularité. Il y eut des spécialisations du personnel, des répartitions de fonctions et de locaux ; personne ne songeait d'ailleurs à se servir de ces nouveaux arrangements pour modifier l'esprit dont notre mouvement avait été jusqu'alors inspiré. Néanmoins, au bout de peu de temps, sans que personne y eût mis aucune mauvaise volonté, ce que l'ensemble de nos amis croyait voir au *Sil-*

lon central, ce n'était plus un certain nombre de camarades assumant la responsabilité des services — ceci sera toujours nécessaire — mais la présence d'un élément recruté à peu près dans une seule classe et poussé par la nature de ses fonctions, à exercer une sorte de direction sur l'ensemble du mouvement.

Une telle constatation n'aurait rien eu que de très satisfaisant dans à peu près n'importe quel groupement d'études ou d'action ; elle aurait indiqué tout simplement que les fonctions à remplir avaient trouvé d'excellents titulaires ; au *Sillon*, au contraire, elle jeta une vive alarme et l'inquiétude s'empara de tous les esprits. Le calme ne revint qu'après une crise pénible qui sépara de nous quelques-uns de nos amis, mais remit les choses en l'état primitif.

Du dehors, la cause de cette crise était difficile à saisir, aussi donna-t-elle lieu à des commentaires pessimistes : « Vous vous privez inutilement d'excellents collaborateurs, nous disait-on ; vous vous appauvrissez à plaisir ; vous jetez la défiance parmi ceux qui, déjà sympathiques à vos idées étaient sur le point de se joindre à vous ». La suite a montré que ces appréciations étaient

inexactes ; l'extraordinaire développement que
le *Sillon* a pris depuis le mois d'octobre en est
une éclatante réfutation : « Vous n'aurez plus
d'intellectuels, vous n'aurez plus de prêtres »,
avait-on annoncé, et les intellectuels sont parmi
nous plus nombreux que jamais, et à certaines
sessions de notre dernier Congrès, on se demandait si l'on n'assistait pas à quelque grand synode
ecclésiastique.

III
L'unité et l'unanimité au Sillon.

Sommaire : Le maintien rigoureux de l'unité accroit le
nombre des Sillonnistes ; — pourquoi. — Comment les
vides se comblent et comment s'augmentent les effectifs.
— Le *Sillon* n'est ni électif ni fédératif. — Comment se
maintient l'unité. — L'esprit du *Sillon* s'affirme de plus
en plus à mesure que le mouvement grandit — La discussion des idées au *Sillon*. — Le *Sillon* ne comprend
que des camarades intégralement sillonnistes. — Peut-on
se « mettre du *Sillon* » ? — Encore un trait du *Sillon*
qu'on ne peut songer à transporter dans l'organisation de
la république démocratique.

Le *Sillon* est donc *unitif ;* c'est une des conditions de son action. L'avantage d'être un groupe
où il n'y a qu'une seule pensée, une seule volonté
est si réel ; il donne tant de force, qu'il mérite-

rait d'être conservé au prix des plus grands sacrifices, c'est-à-dire même en perdant du monde. Mais il se trouve que, pour nous, le maintien de l'unanimité complète, loin de diminuer notre nombre, est un sûr moyen de l'augmenter. En voici la raison.

Comme nous l'a surabondamment prouvé l'heureuse expérience à laquelle déjà nous avons fait allusion, le *Sillon* groupe des âmes que mille affinités prédisposaient à se comprendre, à s'aimer, à mettre leurs énergies en commun dans une action intense. Nous croyons que ces âmes faites pour s'associer à nous dans une vie et un labeur tout fraternels sont nombreuses dans tous les groupes de la société ; la preuve c'est que nous en rencontrons partout. Aussi sans oser prétendre que notre humble action ait été l'objet d'un dessein spécial de Dieu, nous avons la douce confiance que sa Providence qui « a compté les cheveux de notre tête » ne s'est pas désintéressée de l'emploi de nos vies ; que, sans doute, Elle a voulu notre effort et préparé, pour le rendre possible, et ces ressemblances d'âmes et ces rencontres.

Or, à mesure que « nous laissant faire par la vie », nous sommes amenés à préciser, avec une netteté de plus en plus grande, nos idées et le sens de notre action, nous voyons se détacher de nous, s'arrêter au bord du chemin, des amis qui nous disent : « Votre allure nous déconcerte, nous ne pouvons pas vous suivre plus loin ». Les autres continuent à marcher de l'avant, précisément parce qu'aucune divergence ne les sépare et ainsi tout à la fois l'unanimité se maintient tandis que la physionomie de notre mouvement devient plus nette. Le résultat, c'est que les âmes faites pour le *Sillon* et qui le chèrchent le reconnaîtront d'autant plus aisément que ses traits distinctifs se seront accentués davantage. Voilà pourquoi elles viennent à lui avec plus d'empressement, en remplacement des quelques amis lassés et inquiets qui sont restés en arrière, nos rangs se grossissent de nouveaux camarades nombreux, enthousiastes, et qui persévèrent plus sûrement, car ils ont mieux su à quelle cause ils se donnaient.

C'est une constatation faite : A chaque point de notre route où des camarades nous quittent, effrayés par ce qu'ils appellent, soit nos hardiesses, soit nos maladresses, de nouveaux et nombreux contingents nous rejoignent et c'est ainsi que sans cesse grandit notre mouvement. Bien loin de nous nuire, nos intransigeances nous sont salutaires.

Dans le genre d'action qui est le nôtre, le groupement n'a de raison d'être que s'il doit totaliser des énergies, point s'il doit diversifier les aspirations. Cela est évident. Aussi le *Sillon* ne prend-il de décisions qu'à l'unanimité; il n'est *ni électif, ni fédératif*.

Pas *électif*, puisque l'élection a pour but d'obvier au manque d'unité et que nous voulons à tout prix l'unité. Le Président du *Sillon* et les chefs de groupes remplissent des fonctions où les maintient la confiance de tous les camarades; ils se retireraient s'ils sentaient cette confiance les abandonner. Il n'y a pas non plus de résolutions votées par le plus grand nombre et acceptées par les autres ; il n'y a que les résolutions voulues par tous.

Le *Sillon* n'est pas fédératif : ses groupes ne sont pas des collectivités autonomes reliées entre elles par un pacte les unissant en vue de l'action. Il n'y a qu'un seul *Sillon* composé de tous les Sillonnistes ; les expressions de *Sillon* de Bordeaux ou de *Sillon* du Nord signifient exactement : le *Sillon* en tant qu'il agit à Bordeaux ; le *Sillon* en tant qu'il agit dans le Nord.

Cette unanimité se maintient, nous l'avons dit, par la retraite spontanée des camarades qui cessent de se sentir en pleine communion d'âme avec nous. Il faut bien remarquer que ces retraites ne se produisent pas à la suite de changements plus ou moins capricieux modifiant notre marche — la ligne suivie par le *Sillon* est, grâce à Dieu, remarquablement droite — elles surviennent, au contraire, à mesure que nos idées se précisent et que notre orientation s'affirme. A cause de cela, les retraites sont toujours moins nombreuses que les accessions : des intellectuels très démocrates d'inclination, mais ayant une conception quelque peu exclusive du rôle social de leur classe, ont cessé peu à peu de collaborer avec nous ; rapidement ils ont été remplacés par des intellectuels plus nombreux et comprenant l'élite sociale comme nous la comprenons nous-mêmes. Des camarades ouvriers très dévoués, mais plus capables de s'enthousiasmer pour des chefs que d'avoir eux-mêmes une initiative personnelle nous ont quittés ; en peu de temps, ils ont été remplacés par d'autres ouvriers en nombre plus grand et vraiment conscients de leur devoir social.

Somme toute, tandis que, dans la plupart des groupements, l'esprit primitif se dilue et s'affaiblit dans la proportion même des accroissements numériques, le *Sillon*, grâce au maintien rigoureux du principe unitif, voit sa vie s'intensifier et s'affiner à mesure que s'augmente le nombre de ceux qu'elle doit animer (1).

L'unanimité parfaite suppose entre tous les Sillonnistes un plein accord sur toute la doctrine du *Sillon* et une entière volonté de dépenser leur vie au service de la Cause.

Le plein accord sur les principes et le but n'exige pas de chacun la connaissance actuelle et complète de toutes les questions que la nature de notre action nous oblige à étudier. Ce qu'il demande, c'est l'aptitude à discerner dans tout problème social l'aspect intéressant pour le *Sillon*; aptitude qui procède de ce qu'on appartient réellement à la famille, de ce qu'on a la tête et le cœur d'un Sillonniste. On n'est pas du

---

(1) Voyez *Le Sillon, Esprit et méthodes*, par Marc Sangnier, page 104, où il est question d'*élection* et de *sélection*, d'*élimination* et d'*accession*.

Sillon parce qu'on n'a plus rien à apprendre ; mais parce qu'on n'a rien à abdiquer.

Nous ne voulons pas dire que le vrai Sillonniste accepte tout sans rien examiner ; la discussion des idées est, au contraire, très fréquente chez nous ; mais c'est surtout quand il s'agit d'idées nouvelles ou de l'application de nos principes à des faits nouveaux. Alors on discute ferme, précisément parce que, les points de vue étant déjà convergents à cause de l'orientation commune de la pensée, l'accord profond étant déjà fait, les différences, si minimes soient-elles, apparaissent nettement ; on n'évite même pas de les exagérer, pour ainsi dire, car on a, par expérience, la sécurité la plus complète d'arriver à se rejoindre dans une parfaite entente.

Et vraiment, il serait édifiant pour ceux qui se figurent les Sillonnistes comme des « caisses de résonance » de la pensée de leur Président, de voir comment l'opinion du plus humble camarade arrive à se faire jour ; comment sa formule est parfois celle à laquelle souscriront tous les autres.

Le *Sillon* ne se compose donc que de camarades appartenant d'esprit et de cœur au *Sillon*.

Pour ceux-là aucun point de la discipline intellectuelle et morale du *Sillon* n'est une consigne reçue et qu'il faut garder ; chez eux les idées et les aspirations du *Sillon* sont des idées et des aspirations personnelles ; ils se sentent naturellement, spontanément en consonance intime et parfaite avec le *Sillon*. Pour mettre leur vie à la hauteur de l'idéal entrevu dans le *Sillon*, ils se croient obligés aux plus grands efforts ; ils n'en ont aucun à faire pour adhérer de toute leur âme à cet idéal.

On comprend maintenant pourquoi les Sillonnistes ne peuvent s'empêcher de sourire quand on vient leur dire: « Je songe à m'inscrire au *Sillon* » ; « je désire me mettre du *Sillon* » ; « je veux me faire recevoir du *Sillon* » comme si le *Sillon* était une ligue où l'on « se met », par l'accomplissement d'une formalité d'inscription. On ne « se met » pas du *Sillon* ; on n'est pas « reçu » du *Sillon* ; on se donne à la Cause, et alors personne ne peut faire qu'on ne soit pas Sillonniste. Il est bien évident aussi qu'un tel don ne saurait être suppléé par aucune réception.

L'unanimité absolue est encore un des traits du *Sillon* qu'on ne peut pas songer à reproduire dans l'organisation de la démocratie française. Cette unanimité ne se conserve chez nous que grâce à l'élimination spontanée de ceux qui ne se sentent plus intégralement du *Sillon*. Un pareil moyen ne saurait être mis en usage par aucune société constituée sur une base territoriale ; cette société ne pourrait pas dire : « Ceux qui ne seront pas en parfait accord avec les autres passeront la frontière ». Non ; ils ont le droit de rester; ils doivent rester. Tous les peuples sages prennent des mesures protectrices en faveur des minorités de façon à ce que leur mécontentement n'augmente pas et ne les transforme pas en factions dangereuses. Mais tandis qu'on ne saurait se passer d'avoir un pays où l'on puisse vivre, on peut parfaitement, et on doit se passer d'être du *Sillon* si on n'en a pas le tempérament.

IV

L'autorité au Sillon et le recrutement du Sillon.

SOMMAIRE : Le genre d'autorité qui convient au *Sillon;* — l'autorité et l'auteur. — Ceux en qui s'incarne l'autorité au *Sillon*. — Le bon recrutement du *Sillon* ne peut être fait que par des Sillonnistes. — Double exemple pour une même leçon. — Ne pas demander aux autorités ce qu'elles ne peuvent pas faire. — L'embrigadement. — Le bon recrutement se fait d'homme à homme.

Tout genre d'autorité ne convient pas indistinctement à l'unanimité qui nous est nécessaire ; c'est pourquoi le *Sillon* ne reconnaît dans son sein (1) que cette sorte d'autorité naturelle qui est celle de l'auteur sur ce qui émane de lui.

Le rapprochement entre les deux mots autorité et auteur est suggestif ; l'autorité est l'attribut de l'auteur. On a de l'autorité sur autrui dans la mesure où l'on est auteur par rapport à lui. De là, l'autorité du père sur ses enfants : après Dieu, il est l'auteur de leur vie. De là, l'autorité du maître, auteur de vie intellectuelle ; de là, l'autorité de quiconque est, pour autrui, auteur de pensée féconde, de sentiments généreux, de viriles résolutions, auteur de vie en un mot. Toute autorité n'en est pas là ; mais celle qui a un pareil fondement n'est-elle pas d'une incontestable excellence ?

(1) Il s'agit ici des Sillonnistes en tant que sillonnistes ; ils reconnaissent d'ailleurs toutes les autorités légitimes : parents, supérieurs, autorités civiles, autorités ecclésiastiques.

Puisque le *Sillon* est une vie, celui-là donc qui incarne le plus puissamment cette vie et qui la communique le plus abondamment aux autres est, au *Sillon*, la première autorité. Il en va bien ainsi pour le Président actuel du *Sillon* ; s'il en a été le fondateur, ce n'a pas été en traçant des règlements et en rédigeant des statuts, mais en faisant des Sillonnistes : l'âme du *Sillon* était en lui, il sut la faire passer en eux. Ici les expressions de fondateur, d'auteur, de chef, deviennent interchangeables ; elles correspondent toutes à la même réalité (1).

Ils sont, à leur tour, propagateurs de vie et autorités naturelles parmi nous, ces camarades qui ont multiplié nos groupes sur tous les points du territoire. Le *Sillon* remplissait leur âme et en débordait ; c'est de leur plénitude que les autres ont reçu.

Ceci nous amène à parler du recrutement. Si l'on pouvait faire l'histoire de nos accroissements successifs, elle montrerait comment la

---

(1) Et si le président du *Sillon* venait à manquer ? Dieu y pourvoirait : la vie du *Sillon* résoudrait d'elle-même la difficulté ; la fonction retrouverait l'organe par lequel elle devrait s'exercer.

propagation du *Sillon* ne peut être faite que par de vrais Sillonnistes. « Personne ne donne ce qu'il n'a pas. »

Voilà deux régions où le *Sillon* paraît prospérer également ; les cercles d'études s'y multiplient, les Instituts populaires attirent beaucoup de monde, les Congrès donnent lieu à de splendides manifestations. Au bout de quelque temps tout craque et s'effondre dans une de ces deux régions. Sont-ce les protecteurs qui ont manqué? Non ; ils étaient même plus agissants que dans l'autre région où tout continue à bien marcher.

La vraie cause du désastre, c'est qu'il n'y a pas eu au début, pour faire le travail d'initiation, un simple camarade appartenant intégralement au *Sillon*, qui ayant senti un jour sa vie se transformer par son contact avec le *Sillon* ait voulu ensuite donner aux autres ce qu'il avait reçu. Le rôle de ce camarade est essentiel ; rien ne peut le suppléer. Le protecteur le plus dévoué ne peut pas fondre sa vie dans celle du *Sillon* ; sa rencontre avec le *Sillon* n'a pas été pour lui le point de départ d'une nouvelle vie dont il n'avait pas besoin ; par conséquent, il ne sentira jamais et ne pourra jamais dire les choses qu'a senties et que brûle de révéler aux autres le jeune camarade dont il faut bien répéter encore une fois que le rôle est indispensable.

Voyez ce champ ; il a été profondément labouré, copieusement engraissé ; rien n'y pousse ; on a oublié de l'ensemencer. De même, on aurait beau réunir, en faveur d'un groupe qu'on appellerait *Sillon*, toutes les chances extérieures de succès ; il ne s'y formera aucun Sillonniste si, au début, il ne s'en est pas trouvé déjà un vrai. Celui-là, il faut l'avoir, de toute nécessité ; c'est le levain sans lequel la pâte ne fermente pas. N'essayez jamais de faire un nouveau groupe sans avoir d'abord cet élément nécessaire : le jeune camarade intégralement donné au *Sillon*.

Certes, il est bon d'avoir pour soi les autorités dans les régions où l'on s'établit ; leur concours bienveillant écarte ou résout bien des difficultés; leur appui donne une grande assurance, leur expérience des affaires évite des maladresses compromettantes ; mais quand on les trouve aussi bien disposées, il ne faut cependant pas leur demander ce qu'elles ne peuvent pas faire, en particulier, la besogne d'initiation fraternelle dont il vient d'être question. Il faut bien se souvenir, en outre, que si cette besogne ne se fait pas, tout le reste ne servira de rien, car ce ne sera pas le recrutement du *Sillon* qui se fera mais l'embrigadement.

Entendons-nous bien : nous ne disons pas que les autorités, prêtres ou hommes influents, feront de l'embrigadement ; mais que si le ou les camarades intégralement donnés au *Sillon* manquent, l'embrigadement se fera tout seul : la faveur dont jouit le *Sillon* le mettra à la mode ; des jeunes gens se réuniront sous le nom du *Sillon* sans en avoir l'esprit ; on s'appellera « camarade » ; on parlera de « la Cause » sans savoir ce que veut dire ce mot. On croira tout à fait que « c'est arrivé » et ce qui arrivera, ce sera l'inévitable débâcle.

Le bon recrutement du *Sillon* se fait d'homme à homme. C'est la seule méthode féconde par elle-même, la seule sûre. Les conférences, les grandes réunions peuvent préparer le terrain ; c'est la conversation en tête à tête, cœur à cœur, qui vraiment multiplie les Sillonnistes. Et c'est précisément cette méthode qui est à la portée de tout le monde ; chacun de nos amis devrait toujours être en quête d'une âme à gagner à la cause.

C'est si simple : on commence par prier pour celui qu'on veut conquérir, puis on l'aborde, ou bien, si l'on ne se sent pas de force à lui parler soi-même, on l'amène à un camarade plus éloquent. Celui-là gagné, on passe à un autre. C'est là le bon et fructueux travail auquel se livrent assidûment les meilleurs et les plus dévoués d'entre nous, le travail auquel tous nous devons généreusement collaborer.

CHAPITRE QUATRIEME

Le Sillon comme école sociale et les relations du Sillon avec d'autres groupements catholiques.

I. Le Sillon comme école sociale.
II. Le Sillon, les Patronages et les conférences de Collège.
III. Le Sillon et l'Association catholique de la Jeunesse française.
IV. Le Sillon et les conservateurs.

I

Le Sillon comme école sociale.

Sommaire : En quel sens il faut entendre ici le terme d'école. — Principe d'où nous partons. — Notre adhésion à ce principe nous différencie de beaucoup d'autres écoles. — Pourquoi nous admettons ce principe. — Originalité et avantages de notre méthode d'observation sociale ; la méthode de Le Play et la nôtre.

C'est dans le sens le plus large qu'il faut entendre le terme d'*école* quand on l'applique au *Sillon*. Nos doctrines pas plus que notre action ne correspondent à des systèmes invariables qui auraient la prétention d'embrasser l'ensemble complexe des faits sociaux ; nous agissons dans le présent, mais nous allons vers l'avenir ; et comme nous cherchons à bien remplir notre tâche d'aujourd'hui, nous nous efforcerons aussi d'accomplir celle qui nous écherra demain. Notre programme garde donc des pages blanches pour nos expériences futures.

Pourtant nous sommes bien une école d'action sociale : nous partons d'un principe que nous tenons pour certain tandis que presque partout autour de nous on le discute, quand on ne se contente pas de le nier tout simplement ; et, de ce principe, s'inspire largement notre méthode d'action.

Le principe d'où nous partons, c'est la croyance à la possibilité d'éveiller chez les citoyens français — à des degrés divers, bien entendu — la conscience du devoir civique, de façon à rendre réalisable dans notre pays le règne d'une démocratie organique. Et, en ce commencement du vingtième siècle où nous sommes, cette croyance est fort loin d'être partagée par tous nos concitoyens.

Sans doute, les écoles révolutionnaires paraissent nous dépasser ; admettant presque toutes la théorie de Rousseau sur la perfection originelle de l'homme, elles prétendent que si la société avec ses contraintes de toutes sortes, ne faussait pas les instincts naturels, chaque enfant deviendrait spontanément et nécessairement un parfait citoyen. Nous n'allons pas jusque-là : comme l'Eglise, nous croyons au vice originel et à la nécessité de l'éducation pour orienter l'homme vers ce qui est bon et honnête.

Mais si nous laissons de côté les partisans de Jean-Jacques Rousseau, il est bien vrai que les diverses écoles conservatrices répètent presque unanimement que le peuple à cause de ses vices et de son ignorance, ne pourra jamais se passer d'un maître.

Quant aux écoles non conservatrices, dont les tenants se succèdent au pouvoir depuis un temps déjà long, leurs pratiques administratives et leur politique paraissent indiquer de leur part une conviction absolue de la veulerie du peuple, de sa sottise, de son égoïsme.

Croire donc que l'ensemble du peuple français peut, en y étant convenablement préparé, arriver à vivre pacifiquement sous le régime d'une démocratie honnête, c'est de notre part, envers nos concitoyens, le témoignage d'une estime qui ne paraît pas se rencontrer partout au même degré — ceci soit dit sans offenser personne.

Si l'on nous demande sur quoi nous fondons cette estime, nous répondrons que la vie du *Sillon* nous a mis simultanément en contact intime avec tous les milieux sociaux, et que, dans tous ces milieux, nous avons rencontré des hommes possédant toutes les qualités nécessaires pour vivre sous le régime démocratique, et aptes à exercer, sur les compagnons de leur labeur quotidien moins bien doués l'influence morale nécessaire pour les mettre en état de bénéficier aussi de ce régime.

Notre estime pour nos concitoyens en général, n'est donc pas simplement, comme on consentirait facilement à nous l'accorder, la preuve d'une certaine générosité de cœur ; elle repose sur une expérience faite. Par tout ce que nous avons déjà dit dans ce livre et tout ce que nous dirons encore, on devra reconnaître que dans toute notre action sociale, nous nous inspirons de ce sentiment de fraternelle confiance envers tous, et qu'il y a bien là, un des traits distinctifs du *Sillon*.

Notre manière d'étudier les faits sociaux présente aussi quelque chose de très spécial : toute école sociale doit pratiquer la méthode d'observation et d'expérimentation ; c'est ce que nous faisons, mais dans des conditions qui nous donnent de remarquables avantages.

Quand les disciples de Le Play font la monographie de tel ou tel type d'ouvrier — et, certes, ils excellent dans ce travail — ils sont forcément dans la position de l'observateur qui étudie un objet placé devant lui, avec lequel il cherche à se mettre dans le plus intime contact ; mais qui, bon gré, mal gré, reste extérieur à lui ; ils ont donc à redouter des causes d'information inexacte et ces causes sont nombreuses aussi bien du côté de l'objet étudié que du côté du sujet qui l'étudie.

Au *Sillon*, au contraire, la composition de nos groupes fait qu'ils constituent comme un échantillonnage complet de la société tout entière ; le type ouvrier ou intellectuel, prolétaire ou bourgeois que nous étudions est quelqu'un de notre grande famille avec qui la communication d'âme à âme est entière ; de plus, ce type se trouve chez nous à plusieurs exemplaires qui se complètent les uns par les autres ; celui d'entre nous qui les étudiera les connaîtra donc à fond ; aucun aspect de leur existence ne lui échappera ; il saura non seulement ce qu'ils sont, mais ce qu'ils pensent, ce qu'ils désirent, ce qu'ils craignent. Dans de telles conditions, l'étude cesse pour ainsi dire d'être de l'observation externe ; elle devient de la conscience. Ceci n'est-il pas très original ? N'est-ce pas pour le *Sillon* considéré comme école, un trait réellement caractéristique ?

II

Le Sillon, les Patronages et les Conférences de Collège.

SOMMAIRE : Rapports naturels entre le *Sillon* et les Patronages. — Nécessité des Cercles d'études dans les Patronages. — Pourquoi les jeunes doivent être apôtres. — But des cercles d'études. — Difficultés et manière de les éviter. — « Dignitaires » et Sillonnistes. — Il n'est pas toujours possible d'établir une conférence de collège qui soit un groupe du *Sillon*. — Pas d'équivoques. — Favoriser la formation des vrais Sillonnistes plutôt que de faire un pseudo-*Sillon*.

En parlant tout à l'heure du *Sillon* comme école sociale, nous aurions pu ajouter qu'un de ses traits caractéristiques est de se recruter parmi les jeunes, parmi ceux qui peuvent mettre au service de la cause un cœur chaud et une âme libre. Les Patronages devaient donc nous fournir et ils nous ont fourni, en effet, de nombreuses recrues. Le *Sillon*, de son côté, a toujours cherché à leur prêter les concours dont il était capable. Un des premiers efforts de nos amis fut de fonder des cercles d'études dans les Patronages.

La nécessité de ces cercles était évidente : l'apprenti et le jeune ouvrier ne respirent l'atmosphère chrétienne de l'Œuvre que le dimanche; pendant toute la semaine, la rue et l'atelier multiplient autour d'eux les chances de perversion intellectuelle et morale ; ils entendent exposer les idées économiques sociales, religieuses — ou plutôt irréligieuses — les plus subversives ; comment résisteront-ils à ces influences délétères ? On ne peut pas leur dire de fermer les oreilles, le voudraient-ils qu'ils ne le pourraient pas ; et une triste expérience montre combien nombreux sont ceux qui succombent, ceux qui sont perdus pour la religion et le pays dès l'âge de 16 ou 18 ans. Il faut donc les armer pour la lutte, en n'ayant pas peur de traiter devant eux les questions qu'ils entendent sans cesse agiter et dont ils n'ont même pas le droit de se désintéresser. Il ne faut pas les armer pour la lutte simplement défensive — cette tactique est mauvaise — mais pour la conquête ; il faut en faire des apôtres pour leurs compagnons de travail. C'est là le vrai moyen de les conserver.

D'ailleurs — ceci n'est pas une digression inutile — quand nous disons aux jeunes gens, avec le désir de les voir demeurer bons et purs : « Soyez apôtres », nous ne recourons pas à un pieux stratagème, à un expédient qui réussit, à un moyen de faire vibrer en eux le sentiment religieux et, par là même, de les mettre dans des dispositions où ils fuiront le mal et voudront pratiquer la vertu. Non, nous nous conformons simplement à l'ordre établi par Dieu qui n'a jamais toléré l'égoïsme dans ses enfants, qui « a chargé chacun du soin de son prochain », qui nous a faits réellement frères, solidaires les uns des autres, qui nous commande le zèle. Le jeune homme dont la conservation serait assurée sans l'apostolat devrait néanmoins se livrer à l'apostolat, puisque la volonté de Dieu est que nous soyons, non pas tous prêtres pour administrer les sacrements ; mais tous apôtres pour nous aider réciproquement à aller vers Lui.

Le but des cercles d'études fondés par le *Sillon* dans les Patronages était donc « d'ouvrir des portes dans les œuvres closes, par où s'en iraient joyeusement à la bataille de jeunes hommes généreux et ardents qui ne pouvaient que se perdre dans la tiédeur et l'ennui des trop longues attentes et qui, à défaut de passions nobles pour remplir le cœur, étaient tout prêts à se laisser séduire par d'autres voix et à suivre de mauvais bergers (1) ».

Il est arrivé, dans certains Patronages, parce que la pauvre humanité porte partout sa misère avec elle, que les cercles d'études ont été non une cause, mais une occasion de malaise et de division. Cela ne se serait jamais produit si, en dehors du cercle comme dans le cercle, on s'était inspiré de quelques principes très simples, dont la mise en pratique maintient la paix en même temps qu'elle rend possible un apostolat efficace.

Tout d'abord, il est évident que le *Sillon* réclame un tempérament spécial qui ne saurait

(1) *Le Sillon, Esprit et méthodes*, par Marc SANGNIER, page 46.

être celui de tous les patronnés. Le cercle d'études étant fait pour le Patronage, on ne peut donc pas demander que tous ceux qui y viendront soient des Sillonnistes. Nous considérerions même comme un danger qu'un cercle de patronage un peu nombreux, à moins de circonstances tout particulièrement favorables, soit regardé comme un cercle du *Sillon* (1), car il est moralement certain que, par le fait même, il renfermerait très peu de vrais Sillonnistes.

Nous croyons, en outre, qu'en règle générale, le meilleur pour les Sillonnistes appartenant à un Patronage, c'est d'aider de toutes leurs forces à la bonne marche de l'œuvre, d'y être très assidus, et de contribuer à y faire régner l'entrain, la gaieté, la piété qui en assurent le recrutement.

Que les Aumôniers et Directeurs qui pourraient avoir des inquiétudes sur nos ambitions se rassurent donc ; nous ne voulons pas détruire leurs

---

(1) Ces Cercles où tout le monde est réellement du *Sillon* existent, et nous sommes loin de le regretter ; ils rendent de grands services et fournissent à la cause d'excellents ouvriers ; s'ils pouvaient exister partout, ce serait tant mieux. Mais contentons-nous de ce à quoi nous pouvons prétendre, et ne nous exposons pas, pour vouloir trop bien faire, à ne rien pouvoir faire.

œuvres, l'entreprise serait insensée autant qu'impie ; nous ne voulons pas nous y substituer à la direction, mais lui prêter un concours dévoué. Nous ne regardons même pas comme nécessaire que les cercles d'études, dans les œuvres, portent le nom du *Sillon*. Ce que nous demandons, c'est que les patronnés qui se sentent attirés vers nous, qui voient dans le *Sillon*, non pas un prétexte honnête de ne plus venir au Patronage, mais un moyen de se dévouer davantage et de faire plus de bien dans le sein même du Patronage soient encouragés dans cette voie ; que les prêtres dévoués au *Sillon* qui sont dans les Patronages n'y établissent pas des *Sillons* quand cela ne se peut pas, mais y cultivent toujours des Sillonnistes.

Et enfin nous croyons que les directeurs d'œuvres nous diront tous ce que nous avons entendu tout récemment (mars 1905) de la bouche de l'un d'entre eux qui est à la tête d'un des plus grands Patronages de Paris : « Quand un jeune homme devient réellement apte à l'action au dehors, je me ferais scrupule de le retenir, je ne demande pas mieux qu'il donne alors au *Sillon* la plus grande partie du temps dont il peut disposer.

Tout ce que je désire de lui, c'est qu'il n'oublie pas son Patronage, qu'il y paraisse de temps en temps, et qu'il nous aide quand les circonstances le réclament ». — Nous ne voulons que ceux-là, répondions-nous à ce prêtre, et ils ne seront jamais le grand nombre.

Il faut bien remarquer aussi qu'assez souvent les meilleurs « dignitaires de Patronage », ceux qui organisent mieux les jeux, font meilleure figure dans les « pièces » et sont, pour la direction, des collaborateurs de tout repos, seraient plutôt impropres à faire la besogne du *Sillon*. Nos meilleures recrues sont, en bien des cas, ces jeunes gens dont les qualités et les ressources n'apparaissent pas, précisément parce qu'elles ne peuvent se manifester que dans une atmosphère telle que celle du *Sillon* et point dans celle du Patronage.

C'est, sans doute, pour avoir su ou deviné ces choses et en avoir tenu compte qu'un si grand nombre de prêtres directeurs d'œuvres, venus à notre Congrès national (18 février 1906) pouvaient dire : « Mon Patronage est très vivant, grâce aux Sillonnistes, et il s'y forme des hommes et des chrétiens ».

Volontiers nous dirions des cercles ou des conférences d'études de collèges la même chose que des cercles de Patronages ; les élèves des classes supérieures qui composent ces réunions appartiennent à des familles d'opinions opposées, et ils ont eux-mêmes des tendances très diverses ; de plus, ces groupes formés presque en totalité de jeunes bourgeois ou de jeunes nobles, ne peuvent pas ressembler à nos vrais cercles d'études où la variété des conditions sociales et des occupations, sans empêcher une amitié toute fraternelle, rend le travail beaucoup moins théorique et fait toucher déjà de vivantes réalités. Assez souvent donc, le cercle d'études de collège n'est guère autre chose qu'une Académie. On peut certainement arriver à mieux, des preuves de fait le démontrent ; mais si l'on ne peut faire qu'une Académie, il paraît juste qu'elle reste ouverte à toutes les capacités et à toutes les bonnes volontés sans distinction de tendances politiques ou sociales ; il est convenable qu'elle reçoive plusieurs Revues : les « Annales de l'Association catholique de la Jeunesse française » peuvent y avoir leurs lecteurs aussi bien que le *Sillon*.

Là où il en est ainsi, il serait inexact et peu expédient de donner le nom du *Sillon* à une conférence de collège ; c'est le moyen de tromper les élèves sur ce que nous sommes véritablement, et de faire qu'après avoir eu l'illusion d'être du *Sillon* pendant leurs années d'études, ils n'éprouvent pas le désir de s'associer ensuite d'une façon réelle à sa vie. Que l'on cultive, au contraire, chez ceux qui paraissent en avoir le germe, les qualités et les vertus du vrai Sillonniste ; qu'on les entretienne dans le généreux dessein de se donner à la cause et de vivre la vie du *Sillon* dès qu'ils le pourront ; ce sera le meilleur moyen de les rendre Sillonnistes autant que possible au collège même, et de les préparer à le devenir plus complètement après leur sortie. Somme toute, nous en revenons toujours à cette idée fondamentale : le vrai recrutement du *Sillon* se fait d'homme à homme, unité par unité.

III

Le Sillon et l'Association catholique de la Jeunesse française.

Sommaire : Les relations doivent être bonnes entre les deux groupes ; il ne faut pas s'effrayer de quelques heurts. — Parallèle et différences. — Une conclusion qui ne serait pas légitime. — Vraie conclusion. — Pas de fusion ; pourquoi.

Tout à l'heure nous avons nommé « l'Association catholique de la Jeunesse française » ; il faut aussi que nous disions un mot de nos relations avec elle. Ces relations doivent être telles que le veut la charité entre chrétiens animés d'un même désir de servir Dieu et d'être utiles à leurs frères ; somme toute, il en est ainsi, malgré les heurts inévitables entre des groupes jeunes dont les méthodes sont différentes et dont les routes parfois s'entrecroisent. Ces heurts deviendront, d'ailleurs, d'autant plus rares que le programme de chacun des deux groupes sera mieux connu de l'autre ainsi que du public.

L'Association catholique de la Jeunesse française et le *Sillon* réunissent des catholiques, et c'est là une grande raison pour les deux groupes de s'estimer réciproquement et de s'aimer. En dehors de cette communauté de religion, le parallèle entre les deux mouvements accuse, non pas des similitudes, mais des différences bien tranchées; différences, hâtons-nous de le dire, qui n'impliquent heureusement aucun antagonisme.

Le *Sillon* n'est pas fédératif, mais unitif; l'Association catholique de la Jeunesse française déclare que ses divers groupements sont autonomes et qu'elle est une fédération.

Le *Sillon* n'est pas électif, l'unanimité seule y maintient le pouvoir des chefs et l'autorité des décisions; dans l'Association catholique de la Jeunesse française, les charges sont électives et les décisions se prennent à la majorité.

Le *Sillon* est un groupe constitué dans la société civile et pour les fins de la société civile; l'Association catholique de la Jeunesse française paraît, à plusieurs égards, rentrer dans la catégorie des organisations diocésaines.

Le *Sillon* se propose une action sociale absolument définie: il veut réaliser la démocratie en France; l'Association catholique de la Jeunesse française admet entre ses membres des divergences d'opinion considérables à ce point de vue;

elle est assez hospitalière pour abriter à la fois des monarchistes et des républicains. Ceci n'est pas une critique, car l'Association catholique de la Jeunesse française doit procéder ainsi, c'est dans sa nature ; elle trouve là une force tandis que le *Sillon* y rencontrerait sa ruine.

Enfin l'Association catholique de la Jeunesse française réalise son but par le fait d'atteindre de nombreuses unités dont elle soutiendra la vie chrétienne et qu'elle incitera à la pratique de sa belle devise: « Piété, Etude, Action ». Le *Sillon*, au contraire, ne veut attirer que ceux qui peuvent aider au mouvement social entrepris par lui.

En résumé, l'Association catholique de la Jeunesse française est plutôt une société ayant pour but la conservation et la propagation du sentiment religieux, en même temps que l'amélioration du sort des classes laborieuses suivant les enseignements du souverain pontife Léon XIII dans les encycliques *Rerum novarum* et *Graves de communi* (1), tandis que le *Sillon* tend d'une fa-

---

(1) *Rerum novarum*, sur la condition des ouvriers, du 16 mai 1891. *Graves de communi* du 18 janvier 1901. Cette dernière encyclique donne, sous le nom de *démocratie chrétienne*, un programme d'*action charitable parmi le peuple*, ce sont ses propres termes, en déclarant

çon absolument nette à établir la démocratie dans la société civile.

Une conclusion parfaitement illégitime de ce parallèle consisterait à dire qu'un jeune homme qui cherche sa voie doit entrer dans l'Association catholique de la Jeunesse française s'il est soucieux d'être catholique d'abord ; dans le *Sillon*, au contraire, s'il lui plaît d'être démocrate avant tout. Non, il n'en va pas ainsi : les Sillonnistes font passer leur religion avant tout, aussi bien que leurs amis de l'Association catholique de la Jeunesse française, et même, comme nous avons eu occasion de le dire, ce qu'il y a de particulièrement difficile dans la tâche sociale qu'ils entreprennent les pousse à la pratique d'une vie religieuse intense ; ils ne croient pas possible de trouver ailleurs la force de rester à la hauteur de leur devoir.

La vraie conclusion des rapprochements que nous avons faits pourrait se formuler ainsi : L'Association catholique de la Jeunesse française ouvre ses rangs à quiconque, sans distinc-

qu'il ne faut entendre ce programme dans aucun sens qui favoriserait une tendance politique plutôt qu'une autre. Nous aurons à parler de la démocratie chrétienne dans la deuxième partie de ce livre intitulé : *la Démocratie*.

tion d'opinion sociale ou politique, vient y chercher du secours pour vivre en chrétien, ou, s'il est plus généreux, la possibilité d'aider les autres à suivre le même chemin et de se dévouer à l'amélioration du sort des classes laborieuses. Le *Sillon* appelle les jeunes hommes épris de l'idéal démocratique et résolus à chercher, dans la pratique généreuse des vertus chrétiennes, la force de travailler à rendre cet idéal réalisable.

Nous n'avons donc nulle raison de ne pas considérer les membres de l'Association catholique de la Jeunesse française comme des amis, et de ne pas estimer leur œuvre comme éminemment utile ; mais on doit voir maintenant combien comprennent peu nos situations respectives ceux qui nous demandent pourquoi nos deux mouvements ne se fondraient pas ensemble. N'est-ce pas à peu près comme si on disait : « Ce maçon et ce drapier sont tous les deux honnêtes, tous les deux catholiques ; la clientèle a besoin des services de l'un et de l'autre, donc ils doivent s'associer ». Ni le maçon, ni le drapier ne comprendrait ; et vraiment s'ils croyaient comprendre, ne serait-ce pas pour leur état mental, un symptôme plutôt fâcheux ?

IV

Le Sillon et les Conservateurs.

Sommaire : Apprenons à nous pardonner réciproquement. — Rôle des hommes d'avant-garde et rôle des conservateurs. — Légitimité des deux tendances. — Programme simple mais difficile à réaliser. — Une constatation — Deux choses essentielles.

Et puisque nous en sommes au chapitre de nos relations, ajoutons y encore un paragraphe. Ici la tâche devient délicate ; c'est de nos aînés qu'il va être question.

L'attitude du *Sillon* fait parfois de la peine aux conservateurs. Eh ! oui. La proposition peut même se retourner sans cesser d'être vraie : l'attitude des conservateurs fait parfois de la peine aux Sillonnistes. Pardonnons-nous mutuellement; et, comme nous aurons souvent à nous pardonner, expliquons-nous un peu afin que le pardon réciproque en demeure plus facile.

Dans une société en marche — et toutes les sociétés sont condamnées à marcher, à moins qu'elles ne veuillent agoniser et mourir comme agonisent et meurent les peuples qui prétendent demeurer immobiles — dans une société en marche, disons-nous, il y a toujours deux tendances. Le passé a pu se suffire à lui-même ; il ne suffit pas à l'avenir ; l'humanité n'a jamais fini de réaliser tout le progrès matériel, intellectuel, moral que Dieu a rendu possible pour elle ; les générations qui montent à la vie ne seront dignes des ancêtres qu'à la condition d'enrichir encore l'héritage qui leur a été légué et, qu'à leur tour, elles devront transmettre aux générations futures ; vouloir faire mieux n'est pas, chez elles, ingratitude envers leurs devanciers, mais piété filiale. D'où la tendance *progressiste*, tendance nécessaire : il faut aller vers une civilisation meilleure si l'on ne veut pas reculer vers la barbarie.

L'avenir pourtant ne se fait pas avec le néant, mais avec ce qui, du passé, est resté vivant et fécond, c'est là le fonds que les générations nouvelles feront fructifier, dont elles pourront décupler ou centupler la valeur, qu'elles pourront parfois malheureusement amoindrir, et qui leur est, de toute façon, indispensable. Livrer aux hommes de l'avenir les ressources accumulées par le passé ; veiller à ce que ces ressources ne soient ni méconnues, ni dilapidées ; à côté des généreux enthousiasmes mettre le contrepoids de l'expérience, voilà la tâche naturelle et nécessaire de l'élément conservateur.

Les deux tendances sont légitimes ; l'élément social qui représente la marche en avant doit respect et déférence à celui qui représente le passé ; celui-ci, à son tour, doit au premier encouragement et bienveillance. Les hommes de l'avenir ne doivent pas, de parti pris, fermer l'oreille aux avertissements des hommes du passé, et ceux-ci ne doivent pas enrayer systématiquement l'action de ceux-là.

Ce programme paraît simple, s'y conformer est pourtant chose difficile et qui ne se produit guère qu'aux époques où les institutions sociales et politiques sont fortes et respectées. Aux époques de crise et surtout pendant les périodes révolutionnaires, telle que celle qui a été inaugurée en 1789 et dont nous attendons encore la clôture, les deux tendances s'opposent l'une à l'autre d'une façon souvent violente ; l'entente entre leurs représentants devient à peu près impossible.

En sommes-nous là ?... dans tous les cas, les positions sont nettement tranchées : le *Sillon* va du côté de la République démocratique ; les conservateurs non républicains souhaitent, au contraire, une restauration monarchique. L'opposition est formelle et il vaut mieux le dire ; nous ajouterons toutefois deux choses essentielles :

La première, que nettement opposés à toute tentative réactionnaire, nous professons néanmoins le plus grand respect pour les hommes qui voient leur devoir social dans la fidélité aux régimes disparus et savent tout sacrifier à ce devoir.

La seconde que, catholiques avant tout, quand il faut marcher pour la défense des intérêts religieux, nous ne demandons jamais à d'autres catholiques, avant de nous joindre à eux, quelle est leur opinion politique : sous la direction des Pasteurs légitimes, du Souverain Pontife, des Evêques, des curés de nos paroisses, nous marchons avec tous nos frères en Jésus-Christ, demandant à Dieu de nous aider tous pour que, vaillamment et fraternellement, nous fassions ensemble tout notre devoir.

DEUXIÈME PARTIE

LA DÉMOCRATIE

DEUXIÈME PARTIE
LA DÉMOCRATIE

CHAPITRE PREMIER

Définition de la démocratie.

SOMMAIRE : Le *Sillon* a-t-il raison de vouloir la république démocratique ? — Nous ne sommes pas vraiment en république. — Définition de la démocratie par ses caractères intrinsèques. — Explication. — Définition de la démocratie par ses caractères externes ; elle découle de la première. — Notre définition ne change pas l'essence de la démocratie. — Une objection ; — principes communs à toutes les formes de gouvernement.

Le *Sillon* veut la République démocratique ; la préférence qu'il donne à ce mode d'organisation politique et sociale ne procède point d'un choix arbitraire ou d'un caprice ; elle est le résultat d'une conviction profonde. Les *Sillonnis-*

tes croient, en effet, que la république démocratique est actuellement la forme de gouvernement et de société qui doit continuer le plus légitimement notre tradition historique et répondre le plus complètement aux besoins ainsi qu'au génie de la France contemporaine. Ils sont persuadés qu'essayer d'un autre régime serait sacrifier l'avenir à des espérances fort aléatoires d'amélioration immédiate et, en définitive, compromettre, pour longtemps peut-être, le progrès social de notre pays.

Ces idées sont-elles justes ? Ces espoirs sont-ils fondés ? Voilà ce à quoi un oui sincère, pas plus qu'un non catégorique ne pourraient donner une réponse suffisante. Il y a là matière à une sérieuse étude que nous devons aborder sans parti pris, avec le seul désir d'arriver à la vérité.

Tout d'abord, déclarons bien nettement que le régime sous lequel la France a vu se terminer le dix-neuvième siècle et commencer le vingtième nous constitue, si l'on veut, à l'état de monarchie décapitée (1), mais point du tout en république démocratique. Continuant les plus détesta-

(1) *Le Sillon. Esprit et méthodes*, par Marc SANGNIER, page 28, note.

bles errements du césarisme bonapartiste, ce régime maintient à outrance une centralisation ruineuse sous tous rapports. Il fait le citoyen illusoirement souverain pendant quelques instants, tous les quatre ans, grâce à son bulletin de vote, mais c'est pour le tenir constamment, au point de vue administratif, à l'état de simple numéro d'ordre régi par la forme, la formule et la formalité.

Déplorable résultat de nos luttes parlementaires ! Depuis trente ans, les sectaires et les chercheurs de Sauveurs ont constamment tenu l'attention publique en haleine ; grâce à eux, les législateurs se sont trouvés dispensés d'accomplir, et l'opinion publique a été détournée d'exiger le travail nécessaire à l'organisation démocratique. De telle sorte qu'aujourd'hui, il peut encore n'être pas oiseux de dire ce qu'on entend par démocratie.

La définition qu'en donne le *Sillon* est tombée dans le domaine public : *La démocratie est l'organisation sociale qui tend à porter au maximum la conscience et la responsabilité civiques de chacun.*

C'est là définir la démocratie par ses caractères intrinsèques, par son esprit ; il reste, d'ailleurs, bien convenu que les termes de conscience et de responsabilité doivent être entendus ici avec tout leur sens moral et toutes les conséquences qui découlent de ce sens. Et cette définition est bonne :

Qu'est-ce, en effet, qui caractérise un gouvernement entièrement despotique ? N'est-ce pas un ensemble de moyens coercitifs qui impose aux sujets, par la force, l'accomplissement de certains actes ou la prestation de certains services ? Ici, peu importe le développement de la conscience et de la responsabilité morales ; ce n'est pas sur elles que le pouvoir a compté. Ayant devant lui des sujets capables d'obéir, mais aussi de résister, il a pris non les moyens moraux, mais les moyens matériels qui pouvaient empêcher la résistance et rendre l'obéissance nécessaire.

Un régime moins despotique diminuera la contrainte et cherchera à promouvoir l'obéissance spontanée ; il tendra à remplacer partiellement la force par l'idée du devoir à remplir, c'est-à-dire par un peu de conscience et de responsabilité. Un régime libéral évitera systématiquement l'emploi de la coercition et fera largement appel à la conscience et à la responsabilité.

Que si maintenant, nous nous figurons un régime qui porte au maximum la conscience et la responsabilité de chacun, ce régime ne pourra être que la démocratie :

D'une part, il remettra aux mains des citoyens tous les intérêts sociaux, il devra être la nation arrivée à sa pleine majorité et pourvoyant elle-même à tous les services publics. S'il y avait des réserves, si certains services échappaient à l'initiative des citoyens, la conscience et la responsabilité de ceux-ci ne seraient pas portées effectivement au maximum, car il subsisterait encore une *tutelle* d'Etat distincte de la volonté nationale et supérieure à elle ; la démocratie, gouvernement du peuple par le peuple (1), ne serait pas réalisée.

D'autre part, on comprend qu'un Etat ainsi constitué, exige, pour pouvoir subsister, un très grand développement de la conscience et de la

---

(1) Nous venons d'employer des expressions: *nation arrivée à sa pleine majorité, gouvernement du peuple par le peuple*, qui peuvent être interprétées dans un sens anarchique et antireligieux, mais aussi dans un sens parfaitement conforme à la justice, à l'honnêteté et à la doctrine catholique. Qu'on nous fasse la grâce de les admettre provisoirement dans ce dernier sens ; les chapitres suivants montreront clairement que nous les avons entendues ainsi.

responsabilité dans l'ensemble des citoyens(1). Ce développement est une condition nécessaire de l'ordre dans un peuple qui, ne subissant plus la tutelle d'une autorité extérieure, n'ayant plus de *maître* qui lui impose la sagesse, est obligé de trouver en lui-même, dans sa modération, dans sa prudence, dans son désintéressement, la garantie d'une vie nationale toujours digne et haute, parce que toujours conforme à l'honneur et à la justice.

Si l'on voulait définir la démocratie par ses caractères externes, on pourrait dire : La démocratie est une organisation sociale dans laquelle la loi est une pour tous, où chaque citoyen peut, quelle que soit son origine, être élevé aux charges et aux emplois publics, s'il a les aptitudes nécessaires. Sous ce régime les gouvernants, y compris le chef de l'Etat, sont choisis par le peuple dans le peuple ; c'est pourquoi on définit sou-

---

(1) Nous disons dans l'ensemble des citoyens et non dans tous, absolument ; en effet, outre les différences inévitables de degré dans le développement de la conscience, il faut bien admettre qu'il y aura toujours des inconscients et des criminels. La démocratie, comme toute autre organisation sociale, a le droit et le devoir de se défendre contre eux.

vent la démocratie : le gouvernement du peuple par le peuple (Cf. *Catéchisme d'économie sociale du Sillon*, n° 219.)

Mais le plus léger examen montre que ces caractères externes découlent nécessairement de la définition par les caractères internes exposée tout à l'heure, tandis que, de l'énumération des caractères externes, ne se dégage pas, à première vue, la structure interne de la démocratie. C'est donc bien la première définition qu'il faut retenir, elle est bonne à l'usage, elle est féconde.

Il faut remarquer, en outre, que cette définition, si elle appartient bien au *Sillon* comme formule, n'exprime néanmoins que ce qu'on a toujours entendu sous le nom de démocratie : Montesquieu dans « l'Esprit des Lois », et les deux cardinaux français déjà cités (chap. II, § 2), en établissant que la vertu est tout spécialement nécessaire à la République, ne disent pas autre chose que nous : la vertu ne suppose-t-elle pas conscience et responsabilité ?

La démocratie est donc pour nous, dans son essence, ce qu'elle est pour les juristes, les économistes, les philosophes, les théologiens qui l'ont étudiée. L'originalité du *Sillon* est dans sa manière de tendre à la réalisation de la démocratie, point dans sa manière de la concevoir.

Ceci nous amène à écarter dès maintenant une objection qu'on nous répète sans cesse d'un certain côté, quoi qu'elle ne paraisse guère mériter qu'on s'y arrête : « Votre démocratie, nous dit-on, reconnaît des inégalités naturelles, elle proclame la nécessité de l'autorité ; ce sont là des idées monarchiques et point du tout des idées démocratiques ». Raisonner ainsi, n'est-ce pas montrer qu'on ne sait même pas le *b a ba* de l'économie sociale ?

Un gouvernement ne subsiste que s'il est fondé sur un certain nombre de principes primordiaux qui ont leur raison d'être dans la nature même de l'homme et de la société ; ces principes ne tiennent point à une forme spéciale de gouvernement, mais à la *constitution essentielle de l'humanité* (1). Tous les gouvernements, monarchiques, aristocratiques, démocra-

---

(1) Cette expression de Le Play sert de titre à un de ses ouvrages : *La constitution essentielle de l'humanité, exposé des principes et des coutumes qui créent la prospérité ou la souffrance des nations*. Tours, Mame, 1881.

tiques doivent maintenir ces principes ; la même nécessité les y contraint tous sous peine de ruine; ce en quoi ils se différencient les uns les autres, c'est dans la manière d'en assurer le règne dans la société ; tandis que la monarchie les met sous la garde du prince, la démocratie, les met sous l'égide du peuple par l'intermédiaire des magistrats élus.

« Mais, ajoute-t-on, la République démocratique pourrait être alors un gouvernement équitable et favorable au bien public ; or, cela ne peut pas être, car démocratie est nécessairement synonyme de démagogie et d'anarchie ». Naturellement, pour prouver cette proposition, on s'appuie sur l'histoire des trente ans qui viennent de s'écouler. La réponse est bien facile : D'abord nous ne sommes pas en République démocratique, mais en monarchie décapitée comme nous l'avons déjà dit en indiquant de ce fait une preuve qu'il serait facile de mettre en forme. Que si l'on n'admet pas notre distinction, nous retournerons alors contre l'objectant son propre argument, et nous lui dirons, avec un illogisme semblable au sien : « Des périodes plus longues encore prouveraient que monarchie est synonyme de misère du peuple et d'ignominie du roi » ; il serait bien forcé de nous concéder alors qu'on peut abuser de toutes les institutions sans que cela prouve rien contre elles.

CHAPITRE DEUXIÈME

L'inégalité naturelle.

SOMMAIRE: Responsabilité et sentiment de la responsabilité. — Responsabilité n'est pas capacité — Faux dogme de l'égalité naturelle. — Démocratie n'est pas démagogie. — — Les inégalités artificielles : elles sont maudites par le Christ. — Les vraies inégalités. — Égalité civique et égalité devant la loi. — Impossibilité de l'égalité anarchique et de l'égalité du socialisme intégral. — Toute fonction vraiment utile est une fonction noble. — La hiérarchie naturelle et l'ordre providentiel. — L'ordre providentiel n'implique pas le privilège. — La démocratie et l'ordre providentiel, chacun à sa place.

Est-il bien nécessaire d'expliquer que, quand on parle de porter au maximum la conscience et la responsabilité de chacun, il ne s'agit nullement de rendre chaque citoyen capable des plus hautes responsabilités, c'est-à-dire des plus hauts emplois ? Ce qui est ici en question, c'est uniquement le *sentiment de la responsabilité* : que chacun se sente responsable de tout ce que sa situation l'oblige à faire pour le bien public, et que sa conscience le fasse rester constamment à la hauteur de ses devoirs civiques.

Responsabilité n'est pas capacité. Les capacités sont très différentes d'homme à homme ; le maximum de l'un n'est pas celui de l'autre ; tel est capable des fonctions les plus élevées et les plus difficiles, tandis que pour tel autre le maximum de capacité civique sera de voter consciencieusement non sans avoir préalablement consulté quelqu'un pour s'éclairer. L'inégalité est, en toute vérité, la loi du monde.

Les formules de 1789, déjà dangereuses par le vague et l'imprécis de leur rédaction, encore faussées depuis, par l'orgueil des philosophies individualistes aussi bien que par l'imbécillité des partis niveleurs, ont accrédité chez nous ce que Le Play nommait le faux dogme de l'égalité naturelle : Un homme en vaut un autre. Formule absurde, car les hommes sont profondément inégaux entre eux, et au point de vue physique, et au point de vue intellectuel, et au point de vue moral. Un homme, parce qu'il est fort, a en cela même une supériorité sur un homme faible ; il est préférable aussi d'être intelligent que d'être borné ; il vaut évidemment mieux avoir des vertus que des vices. Ce n'est donc pas d'égalité, mais d'inégalité naturelle qu'il faut parler. Chacun à sa place, à chacun sa fonction déterminée par sa capacité ; notre démocratie n'est-elle pas déjà aux antipodes de la démagogie ?

Cependant, n'aggravons pas les inégalités naturelles en y ajoutant le poids d'inégalités mensongères inventées par l'orgueil humain et que maudit l'Evangile.

L'argent, le savoir, le nom constituent de nouvelles supériorités pour l'homme de bien ; ils ne sont que des instruments de mal et, par conséquent, de véritables infériorités entre les mains de l'homme méchant.

L'argent peut tout, l'argent est tout ; il est roi, il est Dieu ; on dirait même qu'il crée l'honneur et la morale : Un *fils de famille* est, par définition, l'enfant de parents fortunés. Ce qui fait la famille, ce n'est donc pas la sainteté du lien conjugal, l'amour réciproque des parents et des enfants, c'est l'argent ! Mais le Maître parle un autre langage ; aux gens cousus d'or et pauvres en vertus, il crie: « Malheur à vous, riches ! Il est plus facile à un chameau de passer par le trou d'une aiguille qu'à un riche d'entrer dans le royaume des cieux (1). »

(1) Saint Marc, ch. x, 25.

Et la science sans la conscience, sans l'effort incessant vers le bien ? Le Christ aussi la maudit : « Malheur à vous scribes et pharisiens hypocrites..... (C'étaient les savants de ce temps-là). Malheur à vous docteurs de la loi, qui attachez des fardeaux pesants pour les mettre sur les épaules des hommes et qui ne voulez pas les toucher vous-mêmes du bout du doigt (1). »

Cet humble Jésus, si respectueux de l'ordre, si soumis à toutes les puissances, n'est pas tendre non plus pour le privilège de la race quand ceux qui en bénéficient, au lieu de se souvenir que « Noblesse oblige », s'oublient à penser que « Noblesse permet. « Vous connaîtrez la Vérité, vient-il de dire aux Juifs, et la Vérité vous délivrera ». Les Juifs se récrient à ce mot de délivrance : « Nous n'avons jamais été esclaves de personne ; nous sommes la *race* d'Abraham ». Et ils s'attirent cette écrasante réponse : « Vous faites les œuvres de votre père..... Le père dont vous êtes issus, c'est le diable. » (S. Jean, VIII, 32, 33, 41 et 44.)

Restons dans la vérité, ne basons pas sur le préjugé mondain la distinction qui forcément

(1) Saint Luc, ch. XI, 46.

s'établit entre les grands et les petits. Oui, parmi les hommes, il en est de grands, et ce sont, riches ou pauvres, savants ou ignorants, illustres ou obscurs, ceux qui ont l'âme noble et le cœur généreux. Il en est aussi de petits et ce sont, sans que la fortune, la science ou la naissance puissent y remédier, les âmes mesquines et les cœurs étroits.

Même dans le pays le plus démocratiquement constitué, il ne peut donc y avoir que l'égalité civique et l'égalité devant la loi. En vertu de la première, nous sommes tous citoyens au même titre ; en principe, nous avons tous, les mêmes droits ; mais, pour chacun de nous, l'exercice de ces droits est limité par les aptitudes et les capacités naturelles. En vertu de la seconde, la loi est une pour tous ; elle ne doit pas faire acception des personnes. A part cela, et à part aussi l'égalité chrétienne qui nous fait enfants du même Dieu et frères du même Christ, il reste vrai que ni l'égalité anarchique, ni l'égalité du socialisme intégral ne sont possibles dans la démocratie, qui, d'ailleurs, ne les implique en aucune façon.

L'égalité anarchique, en effet, c'est la prétendue égalité naturelle dans une même perfection originelle : — L'humanité est bonne ; tous ses instincts sont bons ; il n'en faut pas gêner l'exercice. Pas d'ordre social donc, créé par des lois, et surtout pas de lois représentées par des autorités ; laissez les hommes à eux-mêmes, leur conduite sera naturellement ce qu'elle doit être et l'ordre spontané existera. — Indiquer seulement une pareille théorie, c'est en faire justice.

L'égalité du socialisme intégral, c'est le nivellement absolu de toutes les têtes sous la même loi commune ; chacun à la portion congrue sous le contrôle de l'Etat. Ce n'est pas l'égalité du couvent, car on écarte Dieu et il faut accepter la règle par force, même sans vocation ; c'est exactement l'égalité du bagne. A cette utopie, les socialistes, même les plus avancés, paraissent décidément en train de renoncer définitivement.

La vérité, c'est que les besoins sociaux exigent des fonctions diverses, professions, emplois, métiers de toutes sortes. Toutes ces fonctions sont nécessaires, ce qui les ennoblit toutes et nous rend tous solidaires les uns des autres.

Néanmoins, rien ne pourra faire que, dans l'opinion commune et dans la réalité, ces fonctions soient de même importance et qu'il ne s'établisse pas entre elles une sorte de subordination d'après leur degré respectif d'excellence ; le prêtre, le magistrat remplissent une mission noble par elle-même ; la fonction de l'ingénieur est naturellement supérieure à celle du simple terrassier ; et tout le monde, même en supposant pour tous les mêmes moyens d'éducation et de formation, n'est pas capable des mêmes fonctions.

Il y aura donc toujours une hiérarchie parmi les hommes (1) ; le terme d'échelle sociale correspondra toujours à une réalité. C'est là ce que veut indiquer l'Eglise catholique quand elle parle d'un ordre providentiel établissant des *classes ;* ce mot n'implique pas nécessairement l'idée de castes ou de catégories fermées, favorisées par des lois spéciales et un régime d'exception ; il peut très bien s'entendre de la hiérarchie naturelle et nécessaire dont nous parlons.

La démocratie ne s'insurge en aucune façon contre cet ordre providentiel ; elle exige seulement que les inégalités naturelles, qui entraînent la nécessité de la hiérarchie, ne soient pas

(1) *L'Esprit démocratique,* par Marc SANGNIER : « Démocratie et hiérarchie. »

aggravées par les institutions sociales et politiques ; que le privilège légal ne vienne pas s'ajouter au privilège naturel. Elle ne tend pas à un nivellement chimérique, mais à un état social où chacun serait à sa place; car il naît des capacités de tous ordres pour toutes les fonctions; seulement la fonction ne trouve pas toujours son homme, ni l'homme sa véritable fonction. On rencontre, exerçant par nécessité une profession infime, des citoyens qui seraient capables de faire plus et mieux ; tandis que d'autres citoyens qui devraient être à ces postes infimes, sont plus haut non sans détriment pour la chose publique.

CHAPITRE TROISIÈME

Elite et masse.

Sommaire : Une espérance qui serait une utopie. — Distinction forcée entre l'élite et la masse. — L'élite sous l'ancien régime. — Les déclassements graduels sous l'ancien régime. — L'élite sous la monarchie absolue ; les masses ne montent plus. — Au dix-neuvième siècle ; le suffrage des censitaires ; le suffrage universel. — La ploutocratie et la lutte entre le capital et le prolétariat. — Les classes inférieures produisent une élite, mais qui ne fait rien pour elles. — Comparaison.

Espérer qu'à force de soins, en multipliant les cercles d'études et les instituts populaires, les conférences privées et les réunions publiques, on arrivera à constituer un peuple français pleinement conscient et responsable, connaissant et voulant tout ce qu'il doit, se portant spontanément, par chacun de ses membres à l'accomplissement de ses devoirs, et, le cas échéant, à la défense de ses droits, ce serait une utopie. La condition de l'humanité est telle que, même chez les meilleures races, la multitude sent, pense et veut selon que sentent, pensent et veulent certaines individualités dont l'influence compense le petit nombre. C'est la distinction forcée entre les dirigeants et les dirigés et, quand les dirigeants ont la valeur intellectuelle et morale qui convient à leur rôle, c'est le départ entre l'élite et la masse.

Cette distinction s'est faite à toutes les époques. Sous l'ancien régime, la société était divisée en classes : paysans, ouvriers des villes, petite bourgeoisie, grande bourgeoisie, magistrature ou noblesse de robe, noblesse d'épée. Sauf pour le clergé, qui s'est toujours recruté dans tous les rangs de la société, c'était le hasard de la naissance qui fixait chaque individu dans une de ces catégories. On aurait tort, pourtant, de se figurer les classes de l'ancienne société comme des castes fermées; Le Play et Taine ont bien montré comment, au contraire, il s'y produisait des déclassements continuels, le paysan ou l'ouvrier faisant souche de petits bourgeois, ceux-ci de bourgeois enrichis, dont les descendants arrivaient à la noblesse de robe et finalement à la noblesse d'épée. Déclassements qui s'opéraient graduellement, sans secousse, où les habitudes, les goûts, les traits mêmes de la famille montante s'affermissaient progressivement. L'ascension se faisait par des étapes successives qu'on ne brûlait pas, mais qu'on franchissait lentement, une à une, donnant au temps, ce grand facteur des transformations profondes, le loisir d'opérer son œuvre.

Cette montée vers les couches sociales supérieures avait lieu, c'est parfaitement exact ; mais c'était la montée de quelques individualités privilégiées et non celle des couches inférieures elles-mêmes. Quand la vie nationale bat son plein après Henri IV, et que diminue du même coup l'intensité de la vie provinciale et communale, nous voyons la condition des ouvriers et des paysans empirer constamment. Tandis que la monarchie capétienne, avait à ses débuts, par son entente avec le peuple, déterminé très heureusement et soutenu pendant plusieurs siècles, l'ascension graduelle de la masse des petits vers le mieux-être social, la monarchie absolue, en même temps qu'elle tue le pouvoir de l'aristocratie, détruit la prospérité populaire ; la misère dans les campagnes devient effrayante ; la fortune des corporations ouvrières fait place à la gêne. Voilà ce qu'il ne faut pas oublier, ce qui, pour le sociologue, détruit le charme des livres de raison où s'est conservée l'histoire des familles modèles. Des unités s'élevaient, l'atmosphère devenait autour d'elles lumineuse et chaude, c'est vrai; mais les multitudes s'enfonçaient dans une nuit de plus en plus sombre et froide ; l'édifice social bâti par les architectes de la royauté absolue était splendidement beau, mais la place du peuple y avait été oubliée.

Au dix-neuvième siècle, il n'y a plus d'aristocratie, c'est entendu. La superposition hiérarchique de classes multiples a pris fin par la Révolution de 1789 ; mais l'état chaotique produit par ce cataclysme ne pouvait durer ; un ordre factice s'est rétabli : d'un côté ceux qui ont de l'argent, de l'autre ceux qui n'en ont point ou très peu ; un homme vaut selon son avoir.

Et nous voilà sous Louis-Philippe avec le suffrage des censitaires : Avez-vous de l'argent ? Vous êtes classé homme sérieux, citoyen capable d'avoir une opinion ; vous votez. Si nous n'avez pas d'argent, vous êtes un homme de rien ; votre opinion ne compte pas ; vous n'êtes pas électeur.

Le suffrage universel est proclamé en 1848 ; la multitude n'en tire guère de profit ; elle vote sans savoir ce qu'elle fait ; le gouvernement, le patron, très souvent l'émeutier, lui dictent ses choix. Les masses populaires continuent à rester inconscientes et amorphes, incapables de penser et de vouloir par elles-mêmes. Le sentiment qu'elles ont de leur misère ne leur suggère aucun moyen efficace et pratique pour y remédier ; il ne fait que les pousser à suivre aveuglément quiconque vient à elles avec les mots de révolte et d'affranchissement à la bouche : aussi la lutte engagée entre les possesseurs et les non-propriétaires depuis le commencement du siècle devient-elle de plus en plus violente.

A mesure que les capitaux réalisés, nécessaires à l'industrie, prennent plus d'importance que le capital terre, il se forme une aristocratie de la richesse, une ploutocratie, qui apparaît dès 1850 comme la puissance véritablement prépondérante. Vers la même époque aussi, les agitateurs ont compris la force dont ils pourraient disposer si les troupeaux humains, arrachés aux travaux des champs et réunis par l'industrialisme en agglomérations compactes, devenaient leur armée. Dès lors, la guerre ne pouvait manquer d'être à l'état permanent entre le capital et le prolétariat.

Comme aux époques précédentes, les classes

inférieures produisent une élite ; mais elles ne la produisent pas pour leur avantage. Cette élite, montée du peuple n'est plus peuple ; elle ne sent plus les besoins du peuple, car elle ne les éprouve plus elle-même ; l'ouvrier devenu patron est parfois plus dur à l'ouvrier que le patron de race. Il ne reste donc pour penser au peuple que le peuple lui-même ; et dans le peuple, ceux qui sont capables de penser et d'agir pensent et agissent pour sortir du peuple.

Somme toute, il semble que, sous la monarchie absolue et depuis, le départ entre les éléments dirigeants et les masses se soit fait de façon à isoler celles-ci de ceux-là, à mettre des cloisons étanches entre les uns et les autres. Ainsi dans un vase plein de lait, la crème monte à la surface, et si, par des procédés artificiels, on aide à ce travail de séparation, toute la crème est bientôt au-dessus tandis qu'au dessous il ne reste qu'un liquide aqueux, insubstantiel, bon à être donné aux animaux. Comme toute comparaison pèche, il faut corriger celle-ci en avouant que le phénomène social correspondant est loin de s'accomplir d'une façon aussi normale : il fait monter certains éléments dans les couches supérieures et rejette les autres au-dessous ; mais ceux qu'il met en haut ne sont pas tous les meilleurs, et, parmi ceux qu'il refoule en bas, il en est beaucoup qui mériteraient un autre rang.

CHAPITRE QUATRIÈME

L'Elite démocratique.

SOMMAIRE : Ce que ne peut pas faire une élite séparée de la masse. — Différentes conceptions du rôle de l'élite. — L'élite dans une démocratie organique. — L'élite démocratique est de la même espèce que la masse ; elle est en contact incessant avec la masse ; elle est vraiment populaire. — Une telle élite peut-elle se constituer en France ? — Réponse de fait fournie par la vie du *Sillon*. — Mieux que patron. — Non se déclasser, mais s'enraciner. — L'élite démocratique, ciment social.— Cette conception du rôle de l'élite ne transforme pas la démocratie en aristocratie. — Jefferson et les *aristoï* naturels. — Aristocratie naturelle et aristocratie de classe. — Une vérité qui semble un paradoxe. — Tous les groupes d'action sociale devraient chercher à multiplier les hommes d'élite. — Scepticisme que trop de Français manifestent à l'égard de l'éducation sociale populaire. — Valeur du « peuple ». — Si le peuple est actuellement désorienté, à qui la faute ? — Dirigeants et classes dirigeantes. — Les vrais dirigeants peuvent se rencontrer partout. — Une comparaison royaliste.

Qu'une élite séparée de la masse, oublieuse même des intérêts de la masse, puisse contribuer à l'éclat d'un grand règne, les splendeurs du siècle de Louis XIV en sont une preuve sans réplique ; il lui serait par contre absolument impossible de réaliser une organisation démocratique. Une élite de ce genre, en effet, met l'intelligence de son côté et laisse à la masse l'obéissance passive, tandis que la démocratie veut la conscience et la responsabilité, non pas dans une classe privilégiée, mais dans tout le corps social. Pourtant, à tout régime il faut une élite ; la démocratie doit nécessairement en avoir une. Comment donc cette élite devra-t-elle être constituée pour rendre les services que les masses doivent en recevoir ?

Si la nation est un troupeau dont le roi est le maître, l'élite fournira les bergers ; pourvu qu'elle utilise le mieux possible la laine et la chair du troupeau, son rôle sera bien rempli. Si la nation est une famille dont le roi est le père, l'élite figurera les fils aînés ; sous les ordres du roi, elle gérera les affaires publiques ; les masses auront la situation des cadets, leur rôle sera d'obéir. Si la nation doit être une démocratie organique, il faudra que l'élite se trouve dans tout le corps social, par conséquent, dans chaque petit groupe local, dans chacune des collectivités infiniment nombreuses déterminées par la communauté d'occupations ou d'intérêts ; partout elle devra porter la lumière pour faire comprendre le devoir, et l'exemple pour le faire pratiquer ; sa mission sera de tous les jours. Il faudra donc que chacun de ses membres, par sa situation, par l'emploi quotidien de son temps, appartienne au groupe parfois minuscule où s'accomplira sa bienfaisante fonction. On devra trouver une élite dans chaque endroit, une élite dans chaque profession manuelle ou libérale. C'est intentionnellement que nous disons dans chaque profession libérale, car là aussi existent l'élite et la masse : tel professeur et tel ouvrier peuvent être également incapables de voter raisonnablement sans conseil ; le sens du devoir social n'est pas une conséquence nécessaire de la science professionnelle.

Ainsi composée, l'élite n'est pas d'une autre espèce que la masse. Il y a bien et il faudra toujours tout en haut certaines personnalités marquantes, connues de tout le monde et séparées du vulgaire par leur notoriété même ; mais l'élite dans chaque groupe d'employés, de paysans, d'ouvriers, d'hommes voués aux professions libérales, est faite précisément d'individus appartenant à ces mêmes groupes et que rien ne différencie des autres, sinon la sympathie dont ils sont entourés.

Cette élite n'est pas non plus à distance de la masse ; elle vit avec elle, en elle, comme elle, dans une participation de tous les instants aux mêmes travaux ; elle est bien l'âme dans le corps.

Et puis, elle sera, cette élite, vraiment populaire, car, dans une démocratie, le nom de peuple ne désigne pas la plèbe, mais tout l'ensemble des citoyens, du plus grand jusqu'au plus petit.

Mais croire qu'une élite semblable puisse se constituer en France n'est-ce pas une utopie ?

Pour nous, nous ne le croyons pas, car nous voyons la vie du *Sillon* répondre à cette question d'une façon qui paraît bien autoriser nos espérances les plus hardies.

Les Sillonnistes se sont trouvés, dès les commencements de leur action extérieure appartenir à tous les milieux sociaux. Sans que la diversité de leurs occupations y mît le moindre obstacle, ils ont senti qu'une amitié toute fraternelle les unissait, ou plus justement les unifiait, les identifiait pour ainsi dire les uns avec les autres. Ils se sont estimés mutuellement ; ils ont estimé leurs professions réciproques, car ils ont vu que, dans tout métier et tout emploi, on peut porter le noble souci du devoir social à remplir. Les camarades du bureau ou de l'atelier comprenaient l'utilité d'avoir des camarades intellectuels, et ceux-ci, de leur côté, se sentaient incomplets et stériles sans la collaboration de ceux-là. Chacun se trouvait petit en face de la tâche immense mais pourtant plein de confiance à cause du réconfort qu'il puisait dans la chaude amitié de ses frères d'idéal. Et tous se mirent à considérer leur profession, leur emploi, leur métier, comme le champ où devait s'exercer leur apostolat social.

« Tu es intelligent, habile, actif, laborieux. Ne reste donc pas ouvrier. Pousse-toi en avant. Arrive à commander à ton tour, à gagner plus d'argent ; deviens patron . » Ce n'est pas l'âme du *Sillon* qui murmure jamais ce langage à l'oreille du jeune et vaillant compagnon. Qu'ils deviennent propriétaires ou patrons, ceux qui le peuvent sans injustice ; surtout si cette nouvelle situation doit leur fournir une possibilité de plus pour aider à l'ascension des classes laborieuses ; le *Sillon* n'y trouvera pas à redire ; mais le but qu'il propose est plus haut.

Connaître tout son devoir social ; mettre sa vie à la hauteur de ses convictions ; sortir de son égoïsme ; faire passer à l'arrière-plan, parfois même oublier son intérêt personnel pour promouvoir l'intérêt général ; se dévouer à ses compagnons de labeur journalier ; être pour eux le bon conseiller, l'ami dont la parole éclaire, dont l'affection redonne du cœur et aide à vouloir ; cela vaut mieux que de devenir propriétaire ou patron ; c'est plus véritablement monter. C'est devenir une vie qui produit la vie ; c'est, en toute réalité, remplir le rôle d'une individualité d'élite.

Aussi les Sillonnistes n'ont-ils pas le souci de se déclasser ; mais bien au contraire, de s'enraciner (1) : « J'appartiens à tel atelier, à tel groupe rural ; j'y reste. Mon travail social sera d'autant plus fécond qu'il s'exercera dans le milieu même où la Providence a permis que je me trouve placé (2) ».

---

(1) *L'Esprit démocratique*, par Marc SANGNIER, page 87. « Une méthode ».

(2) *Le Sillon* considère l'acquisition de l'habileté professionnelle et l'exercice consciencieux de la profession comme une des principales conditions de succès que doivent s'assurer ceux qui veulent faire de l'action sociale. On est mal venu à parler de régénération nationale quand on ne sait pas remplir son office propre. Exceller dans son métier, dans son emploi, dans sa carrière, c'est donner un utile exemple et acquérir la possibilité d'un grand ascendant moral.

N'est-il pas incontestable que si, dans chacune des petites collectivités dont se compose le corps social, il se rencontrait quelques unités pensant et agissant de la sorte, l'élite démocratique existerait et que la masse aurait en elle son âme vivante ?

Et comme la paix publique deviendrait plus stable ! Cette élite ne serait-elle pas un puissant ciment social ? Ceux qui en font partie, malgré la diversité de leurs conditions respectives se connaissent, s'estiment, s'aiment ; ils fraternisent. Leur action étoufferait donc les antagonismes stériles ; elle ferait mourir les vieilles haines de classes ; elle réconcilierait tous les citoyens dans l'amour sincère et dans la recherche effective de la justice.

Qu'on ne nous dise pas qu'en donnant à l'élite sociale un rôle si important nous transformons la démocratie en aristocratie. L'essence de la démocratie n'est pas de renverser l'ordre naturel et de faire table rase des principes auxquels est nécessairement liée la prospérité des peuples. La distinction entre l'élite et la masse n'est pas une théorie démocratique, mais un fait social ; la nécessité, sous peine de danger imminent et de grand dommage, de mettre à la tête de la nation les plus sages et les meilleurs, n'est pas un principe aristocratique, mais une règle de bon sens dont la démocratie doit s'inspirer aussi bien que l'aristocratie.

Nous n'avons même aucune peine à convenir que l'élite dont nous parlons est une véritable aristocratie naturelle. Un grand démocrate, Jefferson, troisième successeur de Washington à la présidence des Etats-Unis, l'a dit bien avant nous : « Il n'y a rien de plus avantageux pour un peuple que d'être gouverné par ses *aristoï* naturels ».

Du moment que nous disons aristocratie naturelle, nous restons sur le terrain démocratique, car l'aristocratie proprement dite introduit par l'hérédité un élément artificiel dans sa composition. L'expérience prouve, en effet, que les lignées continues d'hommes de valeur sont rares et que plus d'une fois le fils d'un homme illustre est loin de ressembler à son père. Une société démocratique ne doit reconnaître que l'aristocratie du mérite ; une société aristocratique établit, au contraire, une aristocratie de naissance où le mérite peut se joindre ou ne pas se joindre à l'héritage du nom.

Ainsi, après avoir déjà reconnu que la démocratie est la forme de gouvernement qui demande le plus de vertu, il faudrait ajouter encore — et ceci, tout en ressemblant étrangement à un paradoxe, n'en serait pas un — que la démocratie est aussi la forme de gouvernement qui exige le plus de véritable aristocratie.

Pourquoi, dans les groupes d'action sociale où l'on ne partage pas toutes nos idées, ne chercherait-on pas également à multiplier le nombre des citoyens conscients de leur devoir et vaillants à l'accomplir ? Pour nous, la preuve en est faite, les individualités capables de fournir les éléments d'une élite sociale se rencontrent partout et dans toutes les conditions ; la multiplication rapide de nos groupes ne nous laisse aucun doute à cet égard. Et, certes, quiconque veut rendre un gouvernement — monarchie ou république — capable de promouvoir efficacement la prospérité matérielle et morale du pays doit sentir la nécessité de cette élite.

Pourquoi le seul mot d'éducation sociale populaire amène-t-il un sourire sceptique sur les lèvres de tant de Français ? N'est-ce pas, sans doute, que le nom de peuple, au lieu de signifier pour eux comme il signifie pour nous la nation tout entière, ne désigne que ce qu'on est convenu d'appeler les classes inférieures ? Le « peuple » c'est la plèbe ignorante et vicieuse, poussée uniquement par ses appétits, radicalement incapable d'éducation civique.

Où donc prend-on la preuve de cette incapacité radicale ? De quel élément, sinon de ce « peuple » sortirent les corporations et les communes du Moyen âge ? Ce « peuple » d'alors n'a-t-il pas fait la France, avec l'Eglise et le Roi, autant que l'aristocratie ? Le « peuple » d'aujourd'hui est désorienté ; il donne des preuves trop évidentes d'inconscience ; c'est vrai ; mais à qui la faute ?

Cent cinquante ans de monarchie absolue, cent quinze ans de révolution, pouvaient-ils le préparer à autre chose qu'à ne plus rien comprendre ?

Ce n'est pas le « peuple » qui a fait la monarchie absolue ; et tout le monde sait aujourd'hui qu'il n'a pas fait non plus la grande révolution, mais que ce sont des bourgeois et des lettrés.

Ils peuvent mépriser les classes qu'ils appellent inférieures, ceux qui les observent du haut du piédestal où se juche leur orgueil de prétendus dirigeants ; ceux, au contraire, qui sont en contact intime, journalier, fraternel avec elles savent bien qu'elles ne sont pas faites pour être plèbe mais *peuple* dans le sens le plus noble du mot.

Et puis, qu'on le veuille ou non, il faut bien reconnaître qu'il n'y a plus aujourd'hui de classes dirigeantes ; l'influence que conservent certains nobles et certains bourgeois tient à leur valeur individuelle, non au prestige de la classe ; les propriétaires et les capitalistes ne dirigent pas, ils se défendent comme ils peuvent. C'est pourquoi Le Play et son école ont proclamé, depuis longtemps déjà qu'il n'y a plus que des hommes dirigeants.

Tous ceux donc qui ont au cœur un vrai désir du bien public devraient s'appliquer à favoriser de tout leur pouvoir la multiplication des hommes dirigeants. Tous les milieux possèdent de ces modèles de vie privée et de vertus civiques ; mais il faut que leur nombre s'accroisse ; c'est là le grand moyen de salut ; c'est par eux — et ne doit-on pas dire par eux seuls ? — que la société peut se reconstituer et redevenir saine dans toutes ses parties.

Les royalistes prétendent que l'édifice social s'est démoli parce qu'on a supprimé la clef de voûte, c'est-à-dire le roi. Acceptons l'image : Quand l'édifice est démoli commence-t-on par replacer la clef de voûte ? Où la poserait-on ? On reprend, au contraire, l'édifice pierre à pierre. C'est ce que nous faisons, c'est ce qu'il faut qu'on fasse. Notre œuvre n'est donc pas vaine ; elle n'est pas illogique.

CHAPITRE CINQUIÈME

Majorité numérique et majorité dynamique ; le suffrage universel et l'idée d'autorité.

Sommaire : Les nécessités sociales. — La subordination nécessaire de l'intérêt particulier à l'intérêt général. — Cette subordination dans la monarchie ; — dans la démocratie. — La volonté nationale et le sacrifice ; rôle de l'élite. — La majorité dynamique ; justesse de cette expression. — Concert de la majorité numérique et de la majorité dynamique. — Le faux dogme du nombre suffisant par lui seul à faire la loi. — Qualités nécessaires de la loi. — Le suffrage universel. — Opinion de saint Thomas sur la participation de tous les citoyens au gouvernement. — Vices du suffrage universel. — Il est faux qu'il égalise la valeur des voix ; le suffrage plural existe en France. — Le mode de suffrage universel actuellement existant ne suffit pas à une démocratie organique. — Nécessité d'une réforme morale à la base de toute réorganisation du suffrage universel. — Désigner les gouvernants est autre chose que leur conférer l'autorité. — La source de l'autorité. — Importance du principe d'autorité dans une démocratie. — Rôle de l'élite sociale dans le maintien du respect de l'autorité.

Le rôle naturel de l'Etat, monarchie ou république, est de pourvoir à un certain nombre de besoins primordiaux qu'on appelle les nécessités sociales.

Parmi ces nécessités il faut mentionner :

« L'obéissance des citoyens à des lois et à un gouvernement.

« Le paiement des impôts proportionnellement aux ressources de chacun.

« La participation des citoyens à la vie du corps social. Cette participation oblige l'individu à s'acquitter judicieusement et loyalement du devoir électoral dans la mesure où ce devoir lui incombe, à remplir consciencieusement les fonctions publiques auxquelles il serait appelé et à concourir à la défense du territoire national. » (*Catéchisme d'économie sociale du Sillon*, n° 89.)

L'intérêt général demande que ces nécessités soient satisfaites, et elles ne peuvent l'être que si l'intérêt particulier de chaque citoyen doit leur céder le pas ; d'où cette formule : *l'État ne peut subsister que par la subordination de l'intérêt particulier à l'intérêt général.*

Dans la monarchie, le rôle du roi est d'imposer cette subordination ; dans la démocratie, les lois devant avoir la sanction de la volonté nationale, il faut que l'ensemble des citoyens comprenne la nécessité de cette subordination et la veuille ; qu'il y ait toujours une majorité pour nommer de bons représentants, comme pour maintenir le respect des pouvoirs constitués et des lois.

Pour que la volonté nationale se porte ainsi résolument vers le sacrifice, car la subordination de l'intérêt particulier à l'intérêt général en est un, il faut qu'une puissante influence l'y détermine, et c'est ici qu'apparaît le rôle nécessaire de l'élite démocratique. C'est elle qui, par son action journalière, par la parole et par l'exemple, donne à la masse le sens du devoir civique, crée l'opinion publique et, le cas échéant, oriente les votes. N'étant pas le nombre, elle ne peut pas former par ses seules unités la majorité numérique ; mais elle est la force qui entraine la masse où se trouve cette majorité. Elle est la force, disons-nous, dans sa plus belle manifestation, la force morale qui n'a pas le pouvoir matériel pour contraindre, mais l'ascendant pour éclairer, persuader et faire vouloir ; c'est pourquoi nous l'appelons la *majorité dynamique*, ce terme n'a rien d'étrange et il exprime une idée exacte. Majorité signifie le plus grand nombre, la plus grande somme ; la majorité dynamique représente, en effet, la plus grande somme de forces morales agissant sur la masse pour la déterminer et obtenir ainsi la majorité numérique. Ainsi employée l'expression est peut-être nouvelle, mais la justesse en est indiscutable au double point de vue logique et étymologique (1).

Le concert d'une majorité numérique avec une majorité dynamique telle que celle dont il est ici question réunit les deux conditions requises pour que l'avis exprimé par le plus grand nombre puisse être regardé comme bon et juste. — Quand l'Eglise, dans ses assemblées et ses congrégations recourt à la votation, elle tient pour valable l'avis de la partie la *plus nombreuse* et la *plus saine ;* et elle admet qu'en pratique la partie la plus nombreuse est aussi la plus saine ; cette supposition est très légitime, les assemblées ecclésiastiques se composant exclusivement d'hommes éclairés et habitués par une longue discipline à la recherche du meilleur. Au contraire, dans les assemblées auxquelles la multitude doit prendre part, si l'on ne suppose pas un accord préalable entre la masse et l'élite, l'avis de la partie la plus nombreuse peut fort bien n'être pas celui de la partie la plus saine.

(1) Cf. *L'Esprit démocratique,* par Marc SANGNIER, « le Nombre et la Force ».

L'intervention de la majorité dynamique constituée par l'élite sociale est bien de nature à ruiner l'idée fausse en vertu de laquelle le nombre seul suffit à faire la loi : La majorité vote ce qu'elle veut ; la force de la loi pour obliger vient de ce qu'elle a été votée par la majorité. — Voilà encore un prétendu axiome à reléguer parmi les faux dogmes révolutionnaires. Pour que la loi remplisse sa mission il faut qu'elle soit une force morale qui s'impose à la conscience des citoyens. Que deviendrait un pays dans lequel la loi n'aurait pour garantie que la contrainte exercée par les agents du pouvoir ? Et comment le nombre donnerait-il à la loi cette force morale ? Si je suis seul pour protester contre une mesure injuste votée par une majorité, j'ai raison de protester ; la majorité a eu tort de voter.

La loi doit, avant tout, être juste, honnête et conforme au bien public ; toute mesure doit d'abord réunir ces qualités pour que le vote d'une majorité puisse l'ériger en loi ; et il est clair que ce sont là des qualités de fond : si elles ne sont pas dans la loi avant qu'elle soit votée, ce n'est pas le vote qui les y mettra.

La forme en laquelle les citoyens français, depuis 1848, exercent officiellement leur droit de participer au gouvernement de la nation, c'est le suffrage universel, institution qui, dans sa forme actuelle, est bien loin de répondre complètement aux besoins d'un état vraiment démocratique.

Dans une démocratie effective, les citoyens doivent participer, à deux titres différents, au gouvernement de la chose publique : d'abord au titre même de citoyen, ensuite à titre de membres de la société remplissant une fonction, métier ou profession qui sert à l'utilité publique et constitue une partie des ressources nationales.

Tous les citoyens doivent avoir une part au gouvernement. Ils supportent les charges sociales et contribuent à fournir les ressources nécessaires à l'Etat ; il est raisonnable, par conséquent, qu'ils aient un moyen de faire entendre ce qu'ils désirent et d'obtenir, le cas échéant, qu'il soit fait droit à leurs justes réclamations. Cette idée n'est pas le moins du monde révolutionnaire : « que tous les membres (de la cité ou de la nation) dit saint Thomas, aient part au gouvernement, c'est l'unique moyen de tenir le peuple en paix et de lui faire aimer et défendre sa constitution » (1ª 2ᵃᵉ ; qu. 105 ; art. I).

Si le suffrage universel est vicieux, ce n'est donc pas en tant qu'il fait de chaque citoyen un électeur ; mais parce que, d'une part, il semble basé sur le « faux dogme » du nombre, suffisant à lui seul pour faire la loi, ce qui réclame le correctif du concours nécessaire de la majorité numérique avec une saine majorité dynamique, et que, d'autre part, il ne tend pas à constituer une vraie représentation de toutes les forces vives sur lesquelles repose la prospérité publique.

Quant au reproche qu'on fait quelquefois au suffrage universel d'*égaliser la valeur des voix*, il est parfaitement gratuit : presque tous les citoyens français votent avec quelqu'un qui a conseillé leur choix ; on sait comment votent les fonctionnaires ! pour ce qui est des autres, le plus grand nombre vote sous l'influence d'un chef, propriétaire, patron ou, plus souvent, meneur. Reconnaissons donc que l'égalisation des voix n'existe pas, car il y a des votes entraîneurs et des votes entraînés. La loi, en France, n'établit pas comme en Belgique le suffrage plural donnant une, deux ou trois voix au même électeur selon qu'il est célibataire, chef de famille ou capacitaire, mais la pratique donne cent voix, ou cinq cents, ou mille au citoyen influent qui fait voter. Seulement le principe de ce suffrage, réellement plural, se trouve trop souvent dans l'ignorance des électeurs et dans le peu de scrupule avec lequel les influences déterminantes ont été mises en jeu. Un pareil genre de concentration des voix n'a évidemment rien de commun avec l'action de l'élite exerçant son rôle de majorité dynamique.

Il est incontestable qu'un régime vraiment démocratique devra compléter quelque jour la loi sur le suffrage universel et associer d'une façon moins illusoire les citoyens au gouvernement de la chose publique. En attendant que ces réformes viennent, il faut viser à ce que le rôle de l'élite soit dignement tenu partout où il peut l'être et se persuader qu'à la base de toute réorganisation du suffrage universel, il faudra une réforme morale, un travail d'éducation populaire.

Aux erreurs possibles sur le droit de vote s'en rattache une autre, touchant l'autorité. Cette erreur consisterait à croire que la source de l'autorité des lois ou des gouvernants se trouve dans le peuple. Le suffrage universel, dit-on, donne l'autorité aux représentants, ceux-ci communiquent cette autorité aux lois qu'ils font et aux gouvernants qu'ils élisent ou acceptent ; en définitive la source de toute autorité se trouve dans la volonté nationale.

Il est très vrai que la volonté nationale peut désigner les gouvernants ; de fait, c'est elle qui les désigne dans les états démocratiques, et cela est tout à fait conforme au droit naturel aussi bien qu'à la doctrine de l'Eglise : « S'il s'agit de désigner ceux qui doivent gouverner la chose publique, dit Léon XIII, répétant l'enseignement traditionnel des Souverains Pontifes et des docteurs, cette désignation pourra, dans certains cas (et l'état démocratique présente ces cas), être laissée au choix et aux préférences du grand nombre sans que la doctrine catholique y fasse le moindre obstacle ». (Encyclique *Diuturnum*, 29 juin 1881.)

Le *principe de l'autorité* est distinct du *pouvoir de désigner* ceux qui doivent exercer l'autorité ; la volonté nationale n'a que ce pouvoir de désignation ; elle ne peut pas *conférer* l'autorité, et cela est facile à comprendre : l'autorité est une nécessité sociale ; une société où il n'y aurait pas d'autorité ne pourrait pas subsister. La volonté nationale ne peut pas décider que la société se passera de l'autorité : quand un gouvernement disparaît, on doit se hâter d'en constituer un autre ; c'est donc que le principe de l'autorité s'impose à la volonté nationale, qu'il est supérieur à elle. Ce principe a son origine dans la nature même de la société humaine ; il exprime une des volontés de Celui qui a créé l'homme et la société avec le besoin d'autorité ; il faut donc dire que l'autorité est de droit naturel, c'est-à-dire de droit divin (1).

C'est surtout dans une démocratie qu'il importe de bien maintenir la distinction entre le principe de l'autorité et le pouvoir de désigner ceux par qui l'autorité doit être exercée, car le grand ressort de l'autorité, dans un état démo-

---

(1) Pas de confusion : ce qui est de droit divin, c'est l'autorité quelle qu'en soit la forme ; l'autorité qui préside à une démocratie est de droit divin comme l'autorité royale. On a voulu, à certaines époques, entendre le droit divin du roi en ce sens que Dieu lui-même aurait déposé en la famille régnante, et pour toujours, le pouvoir de commander à la nation. Ni l'histoire, ni la raison ne corroborent une pareille prétention ; quant à l'Eglise, elle a condamné la théorie du droit divin ainsi entendu.

cratiquement constitué, c'est le respect dont elle est entourée. L'autorité doit, de toute nécessité, être forte ; si elle a moins de force matérielle, il faut qu'elle ait plus de force morale. L'emploi, même assez fréquent de la contrainte peut n'être pas contraire à l'essence du régime monarchique ; il répugne à l'idée de démocratie.

Si les citoyens croient qu'ils ont, par leur vote, donné l'autorité aux gouvernants, ceux-ci ne sont, à leurs yeux, que des employés, des domestiques à qui l'on doit des gages, mais point de déférence ; comment un personnel de gouvernement, dans de telles circonstances, ne serait-il pas en butte aux critiques, aux moqueries ? Comment ne serait-il pas très rapidement usé ? Comment pourrait-il faire face aux responsabilités dont il a la charge ? L'histoire de la France pendant ces trente dernières années, illustre ces considérations des plus lamentables exemples.

Ici encore l'influence de l'élite sociale est d'une importance capitale ; elle maintiendra l'idée du rôle nécessaire et bienfaisant de l'autorité ; elle donnera l'exemple de la soumission aux pouvoirs légitimes. Grâce à elle, l'autorité sera sacrée pour tous ; pour les croyants, parce qu'elle est d'origine divine ; pour les non croyants parce qu'elle représente pour eux une de ces grandes idées par lesquelles ils essaient de remplacer la divinité. De cette façon, un double courant de respect s'établira qui assurera le règne de la paix sociale : respect sans servilité du peuple pour les gouvernants investis d'une fonction auguste ; respect des gouvernants pour le peuple dont la confiance est le meilleur appui de leur autorité ; ainsi la stabilité des gouvernements devient possible et avec elle, la politique suivie qui fait les peuples puissants et prospères.

CHAPITRE SIXIEME

La tradition catholique et la démocratie.

Sommaire : L'Eglise reconnaît le droit des peuples à préférer tel régime politique à tel autre. — La tradition catholique : Bellarmin, Suarez, saint Thomas d'Aquin. — Les enseignements de Léon XIII. — L'encyclique sur la démocratie chrétienne n'annule pas les autres encycliques de Léon XIII où il est question de la démocratie politique. — Démocratie chrétienne et démocratie tout court. — Avertissement inopportun. — Léon XIII n'a pas *accordé* aux Français le droit d'opter pour la République. — Nous nous guidons par les principes sans discuter des cas simplement possibles et souvent imaginaires. — Nous allons librement vers notre but. — « La démocratie postule le christianisme » ; cette proposition ne peut pas se retourner. — Nous ne nous donnons pas la mission de réformer l'Eglise.

Autant, au regard de la foi, les intérêts éternels l'emportent sur les intérêts matériels, autant l'Eglise, établie pour conduire l'humanité vers Dieu, est au-dessus de toutes les formes de gouvernement temporel. Elle n'en reconnaît aucune comme nécessaire en soi ; elle les bénit toutes à la condition qu'elles veuillent être justes.

C'est pourquoi le Souverain Pontife Léon XIII dans de multiples documents, a répété que les peuples peuvent licitement « se donner telle forme politique qui s'adaptera mieux ou à leur génie propre, ou à leurs traditions et à leurs coutumes (1) ». Il a même été plus loin en conseillant aux catholiques de France d'accepter franchement la République. Quelque valeur qu'on attribue ou qu'on refuse, au point de vue de l'obligation de conscience, à cette invitation, ce dont il faut bien se souvenir, c'est que Léon XIII n'a pas été un novateur. Parmi les formes de gouvernement entre lesquelles les peuples peuvent selon lui opter librement, en respectant toutefois la justice, celle qui nous intéresse, la république démocratique, a été indiquée depuis longtemps par des docteurs dont le nom fait autorité dans l'Eglise.

C'est le cardinal Bellarmin (1542-1621) qui dit : « L'autorité (dans la société civile) vient de Dieu, mais moyennant le choix des hommes, comme toutes les autres choses qui appartiennent au droit des gens: le droit des gens, c'est la conclusion déduite du droit naturel par la raison

---

(1) Encyclique *Diuturnum*, du 28 juin 1881. Il faut voir aussi les encycliques *Immortale Dei*, du 1ᵉʳ novembre 1885 ; *Libertas*, du 20 juin 1881, et la *Lettre aux catholiques de France*, du 16 février 1892.

humaine... Remarquez que la forme du gouvernement dépend du droit des gens... car il dépend du consentement du peuple de mettre à sa tête un roi ou des consuls ou d'autres magistrats ; et s'il y a une cause légitime, le peuple peut changer le royaume en aristocratie ou en démocratie. » (Controverses. *De laïcis;* lib. III ; cap. VI.)

Suarez (1548-1617) n'est pas moins explicite dans sa *Défense de la foi contre l'erreur anglicane* où la question de la démocratie, gouvernement légitime et possible, revient dans plusieurs chapitres.

Saint Thomas d'Aquin (1227-1274) vivait sous saint Louis, il n'est donc pas étonnant qu'il admette que, des trois régimes, monarchique, aristocratique, démocratique, le premier est le meilleur en soi ; il ne condamne, d'ailleurs, pas les deux autres, et sa façon même de parler de la monarchie a une saveur qui n'est pas pour déplaire aux plus fervents républicains : « La constitution de l'Etat, écrit-il, doit être faite de telle manière qu'elle puisse ôter au prince tout prétexte de tyrannie, et que son pouvoir soit tellement tempéré qu'il lui soit difficile de tomber jamais dans les excès de la tyrannie... Si une société a le droit de nommer un roi, elle a également celui de le déposer ou de tempérer son pouvoir, s'il en abuse d'une manière tyrannique. Et il ne faut pas croire que cette société-là agisse d'une manière injuste, en chassant un tyran qu'elle s'est donné, même à titre héréditaire, parce qu'en se conduisant en mauvais prince dans le gouvernement de l'Etat, il a mérité que ses sujets brisent le pacte d'obéissance ». (*Du gouvernement du Prince*, chapitre VI.)

Voilà une hérédité qui semble rester assez près de l'électivité. Rapprochons de cela un autre caractère de la société bien policée, selon le même saint docteur : « ... un état dans lequel tout homme qui se distingue par ses vertus, même dans les rangs du peuple, peut élire et être élu aux charges les plus élevées est, sans doute, la puissance la mieux organisée ».

C'est dans le même article que se trouvent les paroles déjà citées au chapitre précédent : « que tous les membres (de la cité ou de la nation) aient part au gouvernement, c'est l'unique moyen de tenir le peuple en paix et de lui faire aimer et défendre sa constitution. »

Enfin, la démocratie, d'après saint Thomas,

est caractérisée par ce fait que « les chefs sont nommés par le peuple et peuvent être choisis dans tout le peuple (1) ».

La démocratie dont il s'agit pour les auteurs qui viennent d'être cités n'est évidemment pas la *démocratie chrétienne* définie par l'encyclique *Graves de communi*, comme n'impliquant aucune forme politique, mais traçant le programme d'une « action charitable parmi le peuple »; Bellarmin Suarez et saint Thomas traitent de la démocratie entendue comme organisation sociale et politique ; pour eux comme pour Léon XIII dans les encycliques déjà rappelées, c'est bien de l'Etat démocratique qu'il est question.

Il serait vraiment singulier qu'on songeât à voir dans l'Encyclique sur la démocratie chrétienne (2) une annulation des précédentes instructions de Léon XIII où il est question de la démocratie entendue dans le sens politique. Que la crainte de voir de jeunes ecclésiastiques commettre des imprudences en se lançant dans l'ac-

(1) Ces trois citations de saint Thomas d'Aquin sont extraites de la Somme théologique : 1ª 2ᵃᵉ ; qu. 105 ; art. I.
(2) *L'Esprit démocratique*, par Marc Sangnier : « La démocratie chrétienne ».

tion politique pour la démocratie ait inspiré certains passages de cette encyclique, cela peut être ; mais la question de principe reste intacte. La parole d'un Pape mérite d'être traitée avec respect. Dans l'Encyclique *Graves de communi*, le Souverain Pontife, s'adressant à tous les catholiques de l'univers, à ceux qui vivent sous la monarchie comme à ceux qui vivent sous la république, déclare qu'il ne va pas parler de politique et qu'en employant l'expression de *démocratie chrétienne*, il entend ôter au mot *démocratie* sa signification étymologique pour lui en donner une tout à fait spéciale ; nulle part il ne dit que c'est avec cette signification spéciale, excluant toute idée politique, qu'il faut prendre le mot *démocratie* dans les documents précédemment émanés de lui. Un catholique démocrate respectueux de la parole pontificale mettra donc sous la rubrique *démocratie chrétienne*, ce qu'il fera pour remplir son devoir de chrétien soucieux des intérêts de ses frères, surtout des plus déshérités, et sous le titre de *démocratie* sans adjonction d'aucun qualificatif, son programme d'action politique et sociale, car l'encyclique *Graves de communi*, en traçant le devoir social de tout chrétien n'a pas prétendu entraver la liberté légitime des citoyens.

Quant à ceux qui nous disent : « Prenez garde, ne vous engagez pas à fond sur le terrain de la République démocratique. Léon XIII a été amené par le concours des circonstances à reconnaître la démocratie ; son successeur peut être amené, par d'autres circonstances, à ne plus la reconnaître ; ménagez-vous donc la possibilité d'une retraite »; nous leur répondons : Léon XIII n'a pas *accordé* aux citoyens français le droit d'opter pour la République démocratique ; il a reconnu que c'est pour eux, comme pour les autres peuples, quand vient un de ces moments où le gouvernement disparaît, un devoir de choisir, en se conformant à la justice, la forme politique qu'ils jugent être la meilleure pour leur pays. Cet enseignement n'est pas de lui ; il ne fait que le rappeler comme étant la tradition constante de l'Eglise. Or, s'il n'est pas sans exemple que telle permission donnée à telle époque par un pape soit retirée par un autre pape, les circonstances ayant changé, il n'en va point du tout ainsi pour les questions de principe : ici toute l'histoire de l'Eglise nous montre que la

Vérité d'hier, est encore celle d'aujourd'hui et sera celle de demain ; nous sommes sur un terrain solide où nous n'avons pas à craindre les surprises qu'on nous présage.

Nous savons pourtant que, tout en maintenant une règle d'une manière générale, l'Eglise peut y faire des dérogations déterminées par des circonstances de temps et de lieu : mais avec quelle circonspection n'agit-elle pas alors ! C'est pourquoi nous nous guidons d'après les principes qu'elle proclame et nous n'éprouvons nulle envie de discuter par avance des situations que rien ne nous fait prévoir (1).

Encore une fois, nous sommes un groupement constitué dans la société civile et pour les fins de la société civile. Notre conscience de catholiques est en paix parce que, dans notre action sociale, nous entendons ne nous écarter en rien des enseignements de l'Eglise. C'est donc avec toute notre liberté civique que nous nous portons vers la République démocratique ; nous la ferons parce que nous avons foi en elle et que nous l'ai-

---

(1) *L'Esprit démocratique*, par Marc SANGNIER : « La libre route ».

mons, parce que nous ne l'envisageons pas comme un pis-aller, mais comme un idéal ; parce que nous sentons qu'à son avenir est lié l'avenir de notre pays.

Quand nous disons que *la démocratie postule le catholicisme*, nous ne prétendons pas que la proposition puisse se retourner et qu'il faille dire également : le catholicisme postule la démocratie. Nous le savons, en effet, la religion est au-dessus de toutes les formes de gouvernement. Les divers régimes politiques passent, car ils doivent évoluer sans cesse pour s'adapter aux exigences changeantes des milieux et des temps ; les peuples les usent comme nous usons nos vêtements. L'Eglise, au contraire, reste, parce qu'elle a la garde de ce qui ne passe pas, des intérêts éternels de l'humanité.

Si nous répétons volontiers que la démocratie postule le catholicisme, c'est que devant « porter au maximum la conscience et la responsabilité des citoyens », elle demande plus de désintéressement, de vertu et, par conséquent, plus de secours divin que les autres formes de gouvernement. Toute organisation sociale qui essaierait de se fonder sans s'appuyer sur une force morale serait vouée par avance à la ruine, et la religion est la force morale par excellence. C'est donc la difficulté même de la tâche démocratique qui nous oblige à la faire par la vertu sociale du catholicisme, car le catholicisme, étant le christianisme intégral, renferme au maximum les forces morales et religieuses dont nous avons besoin (1).

Faut-il dire ici que, travaillant de toutes nos forces à réaliser la démocratie dans la société civile, nous n'avons jamais rêvé d'agir aussi sur l'Eglise afin de la démocratiser. L'Eglise a sa constitution divine qui ne partage pas la caducité de nos constitutions humaines ; nous avons foi en Elle et dans le Saint-Esprit qui l'assiste : l'admirer et l'aimer nous suffit ; nous n'aspirons pas à la réformer. C'est toutefois une satisfaction pour nous de constater que l'Eglise non seulement pratique la démocratie chrétienne par sa sollicitude maternelle envers les humbles ; mais qu'elle procède d'une façon vraiment démocratique au recrutement de sa hiérarchie, puis-

---

(1) *L'Esprit démocratique*, par Marc SANGNIER : « L'action morale et sociale du catholicisme.

qu'Elle va chercher dans tous les rangs, et souvent dans ceux que l'estime du monde tient pour les derniers, non seulement ses prêtres, mais ses Evêques et ses Papes.

CHAPITRE SEPTIÈME

La Tradition nationale et le Fait démocratique.

SOMMAIRE : Conditions nécessaires pour que la démocratie continue légitimement la tradition nationale. — Faut-il instaurer la démocratie ou restaurer la monarchie ? — Monarchie de droit divin. — La monarchie et l'utilité publique. — Considérations historiques ; la monarchie créatrice, conservatrice, destructrice. — La monarchie absolue est la corruption de l'institution monarchique.— L'époque de la monarchie est close. — La Restauration et la Monarchie de juillet. — L'hypothèse du César temporaire. — L'ère de la république est ouverte. — La république n'est pas faite, mais elle a des bases dans l'ordre politique actuel ; elle renferme le germe démocratique. — Idées et lois démocratiques. — Le régime démocratique vient à son heure ; il est un progrès social ; il est, dans ce qu'il a de meilleur, un progrès chrétien. — Il faut continuer le travail de l'éducation sociale populaire.

Le *Sillon* voit dans la république démocratique la forme de gouvernement qui, actuellement, peut continuer le plus légitimement notre tradition historique, et répondre le plus complètement aux aspirations et aux besoins de la France contemporaine. Cela, il ne suffit pas de le dire ; on attend que nous en donnions des raisons. Pour que la démocratie ait réellement l'avenir que le *Sillon* lui présage, il faut :

En premier lieu, qu'elle ne brise pas la tradition nationale, qu'elle ne la fausse pas, par conséquent, qu'elle ne vienne pas usurper la place d'une forme légitime de gouvernement qui serait en possession du pouvoir ;

En second lieu, que si le pouvoir existant est mauvais et doit céder la place à un autre, la démocratie ne se substitue pas, pour lui succéder, à une autre forme de gouvernement qui aurait fait ses preuves et pourrait, mieux qu'elle, continuer ou reprendre la tradition nationale (1) ;

Enfin, qu'en toute hypothèse, la démocratie, en France et à ce moment, soit postulée en quelque sorte par les nécessités actuelles et qu'elle puisse réellement répondre aux besoins du pays.

Tout d'abord, il semble que la première question ne puisse pas se poser puisque la république démocratique est officiellement le gouvernement de la France. Néanmoins, comme nous avons reconnu que nous ne sommes pas vraiment en république, mais en monarchie décapitée, on ne manquera, sans doute, pas de nous dire — et ce se-

---

(1) *L'Esprit démocratique*, par Marc SANGNIER : « Tradition et progrès ».

ront les monarchistes —: « Vous aussi, vous voulez faire du nouveau ; vous voulez *instaurer* la véritable démocratie ; au lieu de faire cette instauration, laissez-nous plutôt continuer la tradition nationale par une bonne restauration ». Nous pourrions leur répondre que l'*instauration* à laquelle nous travaillons ne suppose ni révolution ni coup d'état, que le principe de la république démocratique est admis, le nom adopté, ce qui est pour nous une sérieuse avance sur eux; mais il ne nous déplait pas de discuter pendant quelques instants l'hypothèse d'une restauration monarchique, et nous voici dans la seconde question.

Il est facile d'écarter tout d'abord les partisans de la monarchie de droit divin. Lors de l'agitation causée par la loi sur la séparation des Eglises et de l'Etat, un prétendant disait au peuple français, dans une affiche dont nous avons rencontré plusieurs exemplaires, que la couronne de France lui appartenait par « droit de naissance », c'est-à-dire « de par Dieu ». Et le peuple français souriait doucement et ne se fâchait point. Aujourd'hui, en effet, on croit que le peuple de France n'est pas la propriété d'une famille royale, et que si ce peuple rappelait une dynastie depuis longtemps écartée, ce ne serait pas précisément pour remplir un devoir de conscience en lui restituant « l'héritage de ses pères » ; mais parce que d'autres raisons fondées sur l'utilité publique l'y décideraient.

Et ce sont bien ces raisons d'utilité publique qu'invoquent ceux des royalistes qui réussissent à retenir ou à grouper des partisans : « La monarchie, disent-ils, a fait la France ; c'est elle qui l'a rendue glorieuse et prospère. Si elle a duré tant de siècles, n'est-ce pas la preuve irréfutable qu'elle est réellement adaptée aux besoins du pays et au tempérament du peuple ? L'impossibilité où nous nous trouvons, depuis 1789, de constituer chez nous un gouvernement stable ne démontre-t-elle pas que non seulement nous devions garder la royauté, mais que, si nous voulons être sages, nous devons la reprendre ? »

L'objection paraît sérieuse ; elle n'est pas irréfutable.

Si nous considérons notre histoire nationale depuis la fin du dixième siècle jusqu'en 1789, nous y découvrons trois périodes caractérisées par des changements considérables dans le rôle du pouvoir royal. La monarchie est féodale et populaire de Hugues Capet à Philippe le Bel ; tempérée de Philippe le Bel jusqu'après Henri IV ; absolue depuis Louis XIII, ou mieux depuis Richelieu jusqu'à la Révolution. En suivant attentivement l'évolution de l'institution monarchique pendant ces trois phases, on la trouve successivement créatrice, puis conservatrice, enfin destructrice. Sa vertu comme organisme social paraît s'épuiser avec les siècles ; on se convainc qu'elle participe à l'infirmité de toutes les institutions humaines, que chacune des phases qu'elle traverse la rapproche du terme où vont aboutir fatalement toutes les choses situées dans le temps : elle vieillit ; elle meurt.

Sa première période est merveilleuse. Le siècle de fer, ce terrible dixième siècle rempli par les invasions et par des calamités de toutes sortes, finissait à peine, et voilà que sur les ruines qu'il avait accumulées, germe la civilisation qui connaîtra les splendeurs du siècle de saint Louis. L'Eglise, sans doute, a puissamment aidé les premiers Capétiens ; elle a rempli envers eux et envers la nation un véritable rôle de mère et d'institutrice ; pourtant, le trait caractéristique de cette admirable époque, c'est l'accord profond entre le roi et le peuple : les libertés municipales et corporatives sont très grandes ; mais le dévouement du peuple à son roi ne connaît pas de bornes. Le souverain, de son côté, sent que l'affection populaire est son plus sûr appui, aussi bien contre les féodaux encore incomplètement soumis que contre l'étranger, et il veille soigneusement à la conserver.

La monarchie tempérée a un rôle moins fécond, mais encore très bienfaisant. Elle rencontre sur sa route de grandes causes de désarroi, la guerre de Cent ans, par exemple, et les guerres de religion ; néanmoins elle assure le progrès social. Dès qu'il vient quelques années de calme, la prospérité publique prend un grand essor et la population s'accroît rapidement. Cependant, l'avenir est compromis, car l'idée de l'omnipotence royale s'est fait jour dès Philippe le Bel, quoiqu'elle ne se traduise pas encore habituellement dans les actes du souverain. Henri IV est le dernier roi de France qui osera dire aux représentants de la nation réunis en Etats généraux : «Je viens me mettre en tutelle entre vos mains ».

La troisième époque, celle de la monarchie

absolue, malgré l'éclat du grand siècle, est désastreuse. L'institution royale ne fonctionne plus comme jadis pour le « commun profit du royaume » (Beaumanoir) ; mais pour la gloire ou l'avantage du souverain. Il n'est plus vrai de dire que l'intérêt public se confond réellement avec l'intérêt particulier du roi. La noblesse est détruite comme pouvoir social ; c'est pour l'avantage du roi ; mais la nation en souffre cruellement : les seigneurs n'ayant plus d'avenir qu'à l'armée ou à la cour ne résident plus sur leurs domaines, et la déplorable pratique de l'absentéisme ruine l'agriculture. Tout ce qui produit quelque chose est mis en coupe réglée ; les impôts s'abattent sur le paysan au point de ne pas lui laisser de quoi élever une famille et d'amener une effrayante dépopulation ; ce n'est pas pour l'avantage du royaume, mais pour l'avantage du roi.

Pendant six siècles, de Hugues Capet à Louis XIII, le roi a exercé un pouvoir limité qui lui était confié pour le bien commun; il était le représentant du droit, le magistrat de paix, l'arbitre naturel entre les féodaux, le gardien des libertés corporatives et municipales. La monarchie absolue substitue à cette saine conception de l'autorité souveraine les plus folles théories : les biens et les vies des sujets sont au roi ; le roi ne tient sa couronne que de Dieu, le roi fait les lois dans sa pleine indépendance, et sans aucun concours de la noblesse ni du peuple.

N'est-il pas évident que la royauté absolue est la conception complète de l'institution monarchique ? Et ce n'est pas là une maladie passagère; elle est devenue chronique; la monarchie absolue dure pendant cent cinquante ans, et au cours de ce long espace de temps, elle désolidarise l'intérêt général de la nation d'avec l'intérêt particulier du roi. La monarchie était la tête de la nation ; elle-même a détruit les rapports naturels, les échanges vitaux qui l'unissaient au corps social. Ce n'est pas le couperet de la guillotine, en faisant tomber la tête de Louis XVI, qui a tué la royauté ; c'est la royauté elle-même qui, à l'avance, s'était suicidée.

L'institution royale, dans notre pays, nous paraît donc bien morte ; l'avortement de tous les essais tentés après la Révolution pour greffer de nouveau une tête monarchique sur le tronc national en est une nouvelle preuve : têtes de la même famille, de la famille collatérale ou d'une famille nouvelle n'ont jamais pu, depuis Louis XVI, que s'unir passagèrement au corps de la nation française. Cela signifie clairement que l'organisme monarchique ne correspond plus aux fonctions de notre vie politique et sociale.

Il faut bien qu'il en soit ainsi, car il est impossible de ne pas rendre hommage aux deux Bourbons qui ont régné de 1815 à 1830 ; l'œuvre nationale accomplie sous Louis XVIII et Charles X donne au mot de Restauration le sens le plus heureux. Louis-Philippe lui-même était plus qu'un excellent administrateur, et pourtant la Restauration et la Monarchie de juillet disparaissent de la façon la plus inattendue ; elles tombent d'elles-mêmes plutôt qu'elles ne sont renversées par la révolution. A Waterloo et à Sedan, le premier et le second empire s'effondrent dans un désastre national ; Charles X et Louis-Philippe, au contraire, sont emportés comme par des bourrasques d'avril, ces ondées subites entre deux sourires d'un ciel clair. Ils disparaissent ; quelques fidèles les regrettent ; la nation reste indifférente. Vraiment cela ne veut-il pas dire que l'histoire de la royauté en France est définitivement close.

La tradition nationale, au « tournant » de l'histoire où nous sommes arrivés ne postule donc pas une restauration monarchique. Les tenants de cette restauration ne paraissent guère en espérer le succès ; les prétendants les plus sérieux semblent les moins pressés ; on dirait parfois qu'ils comptent aussi peu sur eux-mêmes que sur leurs partisans.

Ainsi un premier élément du fait démocratique se manifeste dans l'interruption bien constatée de la tradition monarchique et dans l'impossibilité de la renouer. L'heure est donc à la République, car nous ne connaissons pratiquement que ces deux formes de gouvernement : monarchie ou république, la première ne pouvant exister, la nécessité impose la seconde.

Quant à la théorie qu'on entend parfois soutenir, touchant la nécessité d'un *César* qui rétablirait d'abord l'ordre afin que, sous son égide, la démocratie puisse s'organiser, il faudrait réellement être bien naïf pour s'y arrêter. Voit-on un César tuteur de la République et travaillant à se rendre inutile afin que sa pupille puisse prendre tranquillement sa place ? La prudence, qui nous oblige à ne croire qu'au vraisemblable, nous défend de compter sur un pareil désintéressement. César essaiera d'étrangler sa protégée ; il n'y réussira pas, car l'ère de la République est ouverte ; mais alors ce sera la République qui étranglera César, c'est-à-dire que nous aurons une nouvelle révolution. Si nous ne voulons pas aboutir à ce terme fatal, sauvons-nous des sauveurs.

La République a, d'ailleurs, des bases déjà établies dans l'ordre politique actuellement existant ; on ne peut pas dire qu'elle est faite — elle ne l'est que de nom ; — mais il est vrai que les fondements sont posés ; il est vrai aussi qu'elle renferme le germe démocratique et que ce germe ne demande qu'à s'épanouir (1).

Le gouvernement a moins que jamais sa fin en lui-même ; on ne le conçoit plus que pour l'utilité publique.

L'égalité civile et l'égalité devant la loi sont

---

(1) Cf. Les *Vraies idées du Sillon*, par M. l'abbé Desgranges, p. 28, une longue citation d'un discours de M. Piou établissant le fait démocratique.

des conquêtes définitives ; toute idée de privilège ou d'exemption devient de plus en plus odieuse.

Le suffrage universel est acquis, on pourra l'améliorer, le rendre à la fois moins illusoire et plus équitable, mais non le supprimer.

Et il faut bien se rendre compte que ce mouvement vers une association plus effective du peuple au gouvernement propre de la chose publique n'est pas un phénomène propre à la France ; il se produit partout ; la Russie devient une monarchie constitutionnelle ; les sujets du royaume de Prusse réclament le suffrage universel.

Nous ne disons pas que tous les peuples arriveront à la démocratie, ni qu'ils doivent tous y tendre ; mais il faut oser maintenir que la race française a de sérieuses qualités démocratiques. Répétons-le encore une fois : les démocraties locales existaient dans notre patrie, au Moyen Age ; elles y prospéraient, s'administrant elles-mêmes avec une véritable autonomie, équipant leurs milices, s'enrichissant par leur industrie et leur commerce, se dotant de splendides monuments, atteignant une remarquable intensité de vie politique, économique et artistique (1).

Cette aptitude à se gouverner eux-mêmes, les habitants des bonnes villes, les ouvriers des corporations l'ont manifestée jusqu'à l'époque où la monarchie absolue en a entravé d'abord, puis supprimé l'exercice. La centralisation bonapartiste continuée jusqu'à nos jours a maintenu ce régime de contrainte ; mais l'aptitude est restée, il suffit d'en refaire l'éducation ; si une telle entreprise est grande, elle n'est point impossible.

Les citoyens d'une démocratie doivent avoir :

Une sincère conviction des inégalités naturelles inhérentes à la condition humaine, et de la nécessité de rechercher les meilleurs citoyens pour les mettre à la tête du gouvernement et des administrations ;

Un respect profond pour l'autorité et pour la loi ;

Un grand esprit de solidarité et de défense ré-

---

(1) Nous savons bien qu'alors la liberté n'était pas générale, que le servage existait ; c'est pourquoi nous ne parlons que de démocraties locales ; mais l'exemple n'en demeure pas moins concluant.

ciproque qui ne permette jamais qu'un individu ou un groupe puissent être opprimés ;

Un vif attachement à la liberté dans l'ordre ;

Une réelle générosité à s'oublier eux-mêmes pour faire passer l'intérêt général avant leur intérêt particulier.

Or, l'expansion du *Sillon* qui nous met en communication avec des milliers de nos concitoyens, nous fait rencontrer, dans toutes les conditions, de nombreuses individualités qui possèdent toutes ces qualités, avec, en plus, un fonds de vertus chrétiennes qui en garantit la solidité. Voilà l'élite sociale qu'il faut multiplier et qui réalisera la vraie démocratie. Non, les masses ne sont pas vouées fatalement aux erreurs décevantes ; pour s'étendre, le socialisme lui-même a eu besoin de vider ses théories d'une bonne partie de leur contenu utopique ; c'est un hommage rendu au bon sens populaire.

En résumé, nous n'avons pas à déclarer que le régime démocratique est *en soi* supérieur à toute autre forme de gouvernement ; mais, en France et en ce commencement de vingtième siècle, nous le regardons comme venant à son heure, et, par conséquent, nous croyons qu'il est de notre devoir d'en promouvoir de toutes nos forces le plein épanouissement.

Nous ajouterons, pour être sincères, que la démocratie nous apparaît comme un progrès social, car si l'on a pu, d'une façon abstraite, mettre la monarchie au premier rang d'excellence parmi les divers régimes politiques, il reste vrai que chacun de ces régimes ne donne jamais dans la pratique tout ce qu'il vaut théoriquement. Nous espérons donc très fermement que la démocratie, même avec des imperfections, sera meilleure que la monarchie absolue, meilleure aussi que les régimes qui lui ont succédé. Ce n'est pas tout, il y a dans la démocratie tout un fonds d'idées qui viennent du christianisme ; ainsi l'idée de fraternité ; ainsi l'idée que le mérite moral seul reconnu par l'Evangile, l'emporte sur toutes les distinctions et, de ce chef encore, dans ce que la démocratie a de meilleur, nous voyons un progrès chrétien.

Sans doute, l'esprit révolutionnaire, que les masses n'ont pas créé, mais dont leurs meneurs bourgeois et lettrés les ont infestées, a jeté un profond désordre dans les cerveaux ; mais sous ce désordre il reste un fonds de grand bon sens et des idées qu'une discussion amicale normalise très vite dans le sens démocratique, en les dépouillant de l'alliage anarchiste ou socialiste qui les déformait.

Il faut donc continuer le bon travail de l'éducation sociale populaire, et pour que ce travail avance rapidement, il n'est heureusement pas nécessaire qu'il s'appuie sur la faveur gouvernementale, il suffirait qu'il ne soit pas entravé par ceux-là même qui sont les plus intéressés à le favoriser.

Que ceux qui gémissent, avec tant de raison, hélas ! sur le malheur des temps, cessent d'être sceptiques quand nous leur disons que la race française est intelligente, loyale, noble, généreuse, qu'elle est naturellement chrétienne, qu'elle mérite qu'on l'aime et qu'on soit fier d'en être. Qu'ils se mettent à travailler avec nous, et ils ne gémiront plus, car ils n'en auront plus le temps et ils sentiront qu'elle n'est pas morte, la patrie où tant de cœurs battent pour le Christ, où tant de vies se dépensent pour refaire un peuple français digne de ses grandes destinées (1).

(1) Cf. *L'Esprit démocratique*, par Marc SANGNIER : « le Corps à corps ».

CHAPITRE HUITIÈME

L'Œuvre démocratique.

Sommaire : Pour faire l'œuvre démocratique, il faut répandre l'esprit démocratique. Les œuvres ne créent pas l'esprit. — Ecueil des œuvres. — L'œuvre par excellence est de recruter à la démocratie sa majorité dynamique. — Une comparaison. — Il faut remplacer l'état d'esprit révolutionnaire par l'état d'esprit démocratique. — Puissance conquérante de la doctrine. — Nos doctrines peuvent être conquérantes à meilleur titre que les doctrines socialistes. — Confiance.

Puisque la démocratie répond aux besoins de la France à l'heure actuelle, et qu'elle n'implique rien de contraire à la doctrine catholique ni à la tradition nationale, il faut la réaliser. Quelle marche suivre, donc, pour faire l'œuvre démocratique ?

Aucun Sillonniste, mais un nombre considérable de ceux qui veulent être nos amis, bondiront si nous osons répondre : Il faut cultiver en soi et propager chez les autres l'esprit démocratique. — « Encore l'utopie, s'écrieront-ils, la vie du *Sillon !* l'esprit démocratique ! Idéologues que vous êtes ? Sans doute vos théories sont intéressantes, mais il faut commencer une bonne fois à faire de l'action positive ; il est temps de se mettre à la besogne pratique. Faites des *œuvres sociales ;* c'est ainsi que vous réaliserez la démocratie. »

Or, nouvelle utopie, notre conviction intime, profonde, inébranlable, c'est que la seule action vraiment positive, la seule besogne sûrement efficace pour réaliser la démocratie, c'est d'en mettre l'idée dans les esprits, l'amour dans les cœurs, la pratique dans les vies individuelles. Si cela se fait, la démocratie deviendra possible ; au cas contraire, elle ne se réalisera jamais ou bien nous n'en aurons que de misérables contrefaçons.

Sans l'esprit qui doit les animer, les œuvres ne sont-elles pas mortes ? Un syndicat n'est pas nécessairement une œuvre démocratique ; il peut être socialiste ou même réactionnaire. N'est-il pas vrai de dire qu'il sera démocratique exactement dans la mesure où il réunira des démocrates? Or, des démocrates peuvent faire un syndicat. tandis qu'un syndicat ne fait pas des démocrates ; il les groupe s'ils viennent à lui, absolument comme il grouperait des non-démocrates. Ainsi pour les coopératives, ainsi pour les mutualités, ainsi pour toutes les œuvres sociales en un mot.

Essaiera-t-on de faire des œuvres de ce genre en n'y admettant que des éléments démocratiques ? Ce serait la condition indispensable pour qu'elles puissent servir les intérêts de la démocratie ; mais ce serait en même temps la mort des œuvres entreprises, car le nombre est une condition essentielle ; il faut qu'elles atteignent la grande masse, sinon elles végètent et leur influence est nulle. Ou bien, l'œuvre devra être démocratique et ne réalisant pas la condition du nombre, elle ne portera pas ses fruits économiques ; ou bien, elle atteindra la masse et elle sera d'autant moins démocratique qu'elle aura de meilleurs résultats économiques.

Donc, en l'état de choses actuelles, pas de chemin vers la démocratie par les seules œuvres sociales ; l'ouvrier doit préexister à son ouvrage ; l'esprit démocratique doit préexister aux œuvres démocratiques ; il doit faire des démocrates et ceux-ci porteront la vie démocratique dans les œuvres sociales.

Il est de toute évidence que l'on construira la démocratie en agissant et non en se contentant d'y penser et d'en parler ; mais gagner des volontés à la Cause que nous servons, c'est un mode d'action supérieur à tout autre. Il est plus directement utile à la démocratie, et c'est faire pour elle un travail plus pratique, de lui recruter sa majorité dynamique que de créer n'importe quelle œuvre sociale (1).

Des amis expérimentés, qui craignent de voir le *Sillon* s'occuper trop exclusivement de questions pour lesquelles ils le jugent un peu jeune, nous conseillent de faire trêve aux préoccupations sociales et d'étudier, dans la Revue, des questions qui rendraient notre mouvement très intéressant : Questions littéraires et artistiques, questions d'expansion coloniale, questions des

---

(1) Ceci est la thèse générale ; mais il est des œuvres sociales que des Sillonnistes ont créées ou auxquelles ils participent et qu'il convient de soutenir. Non seulement il ne faut pas détruire ces œuvres, mais il peut même devenir nécessaire d'en fonder de nouvelles. Ce que nous tenons à bien préciser, c'est que la conquête des esprits et des cœurs à la vie du *Sillon* doit être notre grand objectif.

Cf. *L'Esprit démocratique*, par Marc Sangnier : « Pour la société, par l'individu ».

carrières ouvertes aux jeunes gens, etc... Si cela arrivait, tous les Sillonnistes renieraient le *Sillon*, et ils auraient parfaitement raison ; ils diraient que cette nouvelle besogne qu'on nous propose est déjà faite par d'autres et que la nôtre nous suffit largement. Eh bien ! ne faut-il pas juger de même, *pour le moment*, en ce qui regarde les œuvres sociales ; s'y adonner avant d'avoir créé le courant de vie démocratique qui doit les animer, c'est gaspiller inutilement ses forces, c'est agir contre plutôt que pour la démocratie (1).

En regard du travail pressant à faire *actuellement* pour promouvoir l'idée et la vie démocratiques, les œuvres sociales sont une entreprise d'à-côté, intéressante, méritoire, nécessaire même, à laquelle il convient d'aider quand on le peut sans négliger la besogne urgente. Et cette besogne urgente, c'est de propager l'idée et la vie démocratiques.

Tous les hommes d'ordre en conviennent, le grand obstacle à l'établissement d'une démo-

---

(1) Il est bien entendu que nous maintenons la réserve faite dans la note précédente.

cratie sage, paisible et prospère, ce sont les fausses doctrines révolutionnaires, prônées en 1789, par des bourgeois et des lettrés, complétées depuis par de nouvelles erreurs, et infusées dans l'esprit des masses par des bourgeois et des lettrés socialistes ou radicaux.

Il faut donc constituer un état d'*opinion* qui ne soit plus le chaos où nous tiennent l'incohérence et le vide décevant des utopies régnantes, mais qui corresponde au fonds d'idées saines sur lesquelles repose la démocratie. Quand cet état d'opinion sera créé, quand il sera maintenu par une élite sociale d'une valeur morale assez haute pour le soutenir sans qu'il y ait jamais contradiction entre sa parole et sa conduite, la démocratie s'imposera.

Il n'y a rien de fort et de conquérant comme une doctrine. Le socialisme est aujourd'hui une grande force politique ; il est presque maître du gouvernement ; mais il a commencé par être une doctrine, et c'est ainsi qu'il a conquis ses *états majors ;* c'est ensuite en corrigeant sa doctrine, pour la rendre acceptable au grand nombre, qu'il a, dans ces derniers temps, grossi l'effectif de ses troupes.

On ne manquera pas de nous objecter que le succès des socialistes s'explique par les promesses dont ils leurrent la multitude, beaucoup plus que par l'influence de leurs doctrines. Sans doute il existe des ouvriers aussi peu désintéressés que leurs meneurs bourgeois ; mais il faut remarquer qu'au temps du *socialisme intégral*, les effectifs socialistes étaient loin de grouper la majorité des ouvriers. Actuellement, ce que la plupart des travailleurs voient dans le socialisme, c'est un programme de réformes ouvrières, et certes, les réformes ouvrières sont voulues par tout le monde, si elles doivent être raisonnées, justes, pacifiques.

Or, l'état de choses créé par la démocratie doit amener ces réformes, il doit aussi rendre possibles les transformations progressives que postuleront inévitablement l'évolution économique et l'évolution sociale ; et il ne serait pas difficile de montrer que le programme démocratique, à cause de son esprit même, résoudra toujours les questions relatives à l'organisation du travail par des solutions équitables et pratiques, tandis que le socialisme, à cause de la forte proportion d'utopie qu'implique sa doctrine, risque d'amener la ruine de la production nationale et, par conséquent, la misère pour les travailleurs.

Ce raisonnement est fait, à l'heure actuelle, par des quantités d'ouvriers qui ne s'inspirent nullement de considérations d'ordre religieux et qui vivent loin de toute pratique chrétienne. L'aveuglement, la haine, la cupidité sont, hélas! trop faciles à exciter dans les classes laborieuses ; les meneurs le savent et ils en font leur jeu de la façon la plus criminelle ; mais ces dispositions ne constituent pas, comme on a trop souvent l'air de le croire, le fond de la mentalité ouvrière. Le prétendre est une calomnie trop fréquente de la part de ceux qui, satisfaits de leur sort, jugent que tout est pour le mieux dans le meilleur des mondes possibles.

Les doctrines démocratiques sont accessibles à la masse dès qu'elles peuvent être expliquées par des hommes qui ont sa confiance. Ceci étonnera ceux qui n'ont pas pu, comme nous, en faire l'expérience, mais c'est parfaitement exact : la distinction si nécessaire entre l'élite et la masse ne soulève pas la moindre difficulté. Quelle que soit leur profession, leur emploi ou leur occupation, ceux qui se sentent gagnés à la Cause que nous servons, ne s'empressent pas de dire, aussitôt qu'ils entendent parler d'élite : « j'en suis ! » Que de fois, dans des groupes nombreux et tout entiers sympathiques à nos idées ne nous a-t-on pas dit : « Pour faire de bonne besogne, vous pouvez compter sur tels et tels ; ce sont les plus intelligents, les plus vaillants et les meilleurs d'entre nous. Nous autres nous comprenons bien, mais eux, ils pourront expliquer; nous, jamais. Nous marcherons, soyez tranquilles; mais il faut que ceux-là soient avec nous pour nous donner confiance. Si nous savons qu'ils s'entendent bien avec vous, nous nous entendrons facilement avec eux. »

Et nous aussi, nous avons confiance; la cause de la démocratie est bonne, elle doit triompher. Oui, l'harmonie est profonde entre les aspirations de l'âme française et le courant de vie et d'idées que nous travaillons à répandre. Oui, l'élite sociale qui doit propager ces idées et cette vie n'est pas un mythe ; elle compte des effectifs nombreux et qui doivent aller sans cesse grandissant. Oui, l'irrémédiable inconscience du peuple français n'est qu'un mensonge malfaisant ; nous appartenons à une race qui a trop médit d'elle-même ; à la race peut-être qui a combattu le plus généreusement pour la justice et la vérité, à la race des Francs que le Christ a aimée. Nous croyons en elle, nous croyons en Lui, et nous ferons notre œuvre, parce que « tout est possible à celui qui croit (1) ».

(1) Cf. *L'Esprit démocratique*, par Marc SANGNIER : « Logique. »

TROISIÈME PARTIE
QUELQUES RÉPONSES

TROISIÈME PARTIE

QUELQUES RÉPONSES

Nous n'avons pas un programme social et économique répondant méthodiquement à toutes les questions qui se rattachent à l'organisation de la démocratie. Nous avons déjà dit pourquoi : notre mission n'est pas d'élaborer les codes de la République démocratique, ni son programme économique, mais de travailler de toutes nos forces à rendre la démocratie possible en répandant l'esprit démocratique. Or, dans l'accomplissement de cette tâche, il nous arrive de heurter les opinions d'un certain nombre de nos concitoyens ; nous rencontrons des adversaires à gauche et à droite ; quand nos idées soulèvent des protestations bien souvent, ce ne sont ni les seuls révolutionnaires, ni les ultra-conservateurs seuls qui les font entendre ; elles partent des deux camps à la fois.

Il ne nous est nullement désagréable de faire cette constatation ; ne signifie-t-elle pas que nous ne donnons pas dans les extrêmes ? Que nous ne dépassons pas les limites, marquées par la sagesse, en dehors desquelles la vérité ne se rencontre plus que défigurée et faussée ?

Nous devions dire cela pour expliquer comment, en terminant cet ouvrage, nous sommes amenés à donner notre opinion sur certaines questions qui préoccupent actuellement les esprits. Nous le ferons très simplement avec le seul désir de montrer notre pensée telle que le Président du *Sillon* ou nos autres conférenciers l'ont déjà exposée au public, telle qu'elle est pour nous-mêmes dans l'intimité du *Sillon*. Nous n'avons pas, en effet, une doctrine pour nous et une transposition de cette doctrine à l'usage de nos auditeurs ou de nos lecteurs ; ce que nous pensons, nous le disons et, soit en nous écoutant, soit en nous lisant, la seule bonne méthode pour nous comprendre, c'est de prendre les mots tels qu'ils sonnent et avec leur sens obvie.

I

Aborder les questions ou les éviter ?

Est-ce agir prudemment que de venir, devant une foule où se rencontrent beaucoup de gens peu instruits, agiter des questions qui touchent aux points les plus difficiles de la morale ou de l'économie sociale et sont souvent connexes avec des problèmes d'ordre religieux ? Ne faut-il pas se demander d'abord ce que les gens peuvent comprendre et éviter d'aborder des problèmes qui dépassent la portée de l'auditoire auquel on s'adresse.

La question ainsi posée ne peut être résolue que par l'affirmative ; la prudence la plus élémentaire indique cette conduite comme la seule raisonnable.

Mais, pour procéder ainsi, il faut être soi-même l'introducteur des questions ; il faut pouvoir établir à son gré le programme des matières à étudier, et telle n'est pas la situation des citoyens catholiques français lorsque, dans les temps actuels, ils sont appelés à parler aux foules. Les questions sont posées à l'avance par la presse, par les conférences publiques, par la préoccupation des esprits, par le mouvement même de la société. En face d'elles, on peut bien se taire ; on ne réussirait pas à les étouffer. Il faut avoir gain de cause contre nos adversaires ou laisser nos adversaires avoir gain de cause contre nous.

Ne raisonne-t-on pas trop souvent comme si la multitude avait les oreilles et les yeux fermés ? comme si elle attendait la permission d'écouter et de voir ? comme si les questions angoissantes ne devaient exister pour elle qu'au moment où nous le permettrions ?

Un premier résultat de cette tactique, c'est de nous mettre en mauvaise posture en nous donnant le rôle de répondre, rôle ingrat et stérile ; de nous réduire à la défensive, quand le véritable moyen de conquête, et même de résistance, est l'offensive. C'est un énorme avantage que d'arriver assez tôt et d'occuper la tribune, au lieu de laisser s'y installer l'adversaire qui la transforme en tribunal, nous somme de nous défendre, fait le bilan de nos erreurs et de nos torts, et peut, en une demi-heure, accumuler plus de questions que nous ne pourrions fournir de réponses en six mois. Or, n'est-il pas vrai que les citoyens catholiques paraissent accepter comme toute naturelle cette situation d'accusés ? Ils croient, dirait-on, qu'il leur suffit d'avoir déclaré et de répéter qu'ils sont accusés injustement. Quelle erreur ! les accusations restent et se transforment rapidement en condamnations, en responsabilités odieuses dont l'opinion fait retomber sur eux tout le poids. Comment peuvent-ils s'étonner ensuite des défiances qui les entourent et de leur impuissance à se faire entendre par leurs concitoyens !

Mais, dira quelqu'un, dans notre région, dans notre département, dans notre village, ces questions ne se posent pas ; il ne faut donc pas les agiter. Cela ne revient-il pas exactement à dire que s'il est des pays où nous puissions obvier au mal avant qu'il arrive, il vaut mieux cependant faire là comme ailleurs et laisser nos adversaires faire le mal afin d'avoir ensuite à le réparer. Se figure-t-on, par hasard, que ces heureux pays où la mentalité publique est encore saine ne sont pas à la veille d'être envahis comme les autres l'ont été par le flot montant des doctrines perverses ? Mettons-nous donc une bonne fois en face de la réalité : la contagion est dans l'air même que nous respirons ; il faut ou bien s'inoculer à soi-même le virus dans les conditions où il peut produire l'immunisation ou bien se résigner à succomber au fléau.

Ainsi la question à laquelle nous répondons était mal posée : il ne s'agit pas de savoir quels problèmes nous voulons traiter, mais quels sont les problèmes que les circonstances actuelles mettent pour tout le monde à l'ordre du jour. Cela fait, il n'y a plus que deux attitudes à prendre : dans les régions où les solutions fausses sont enseignées comme des dogmes, et ces régions sont les plus nombreuses, il faut faire prévaloir la solution contraire ; dans les régions privilégiées où l'erreur ne règne pas encore, il faut donner à l'avance les solutions justes et faire prévoir les objections de l'adversaire. Ce qu'il ne faut faire nulle part, c'est d'imiter l'autruche poursuivie par le chasseur : elle enfouit sa tête dans le sable et ne croit plus au danger parce qu'elle ne le voit plus.

II

Justice ou Charité ?

C'est un reproche qu'on adresse souvent aux démocrates de mettre la justice au-dessus de la charité, et de vouloir résoudre par la justice la question sociale dont la grande solution doit être la charité. Nous pourrions peut-être nous contenter, en ce qui regarde le *Sillon*, de faire remarquer que nous ne séparons guère ces trois termes : Vérité, Justice, Amour, et qu'ainsi nous ne disons pas Justice au lieu de Charité, mais Justice et Charité, puisque Amour veut dire Charité. Mais les objectants ne se tiendraient pas pour satisfaits, car ce qu'ils entendent surtout sous le nom de Charité, c'est l'Assistance sous les multiples formes que peut revêtir l'aumône. Il vaut donc mieux débattre un peu la question posée par ces deux mots : Justice ou Charité ? »

« La justice et la charité ne s'opposent point l'une à l'autre. La justice par rapport au prochain, c'est l'accomplissement de tous les devoirs que l'on a envers lui : Or, faire l'aumône aux pauvres est un devoir aussi bien que de payer ses dettes ; la justice ne sera donc parfaitement satisfaite que si ces deux devoirs sont accomplis. Mais qui ne sent que payer ses dettes est un devoir plus élémentaire que de faire l'aumône ? C'est pourquoi, en payant mes dettes, je crois remplir un devoir de stricte justice, tandis qu'en faisant l'aumône, j'ai conscience de monter plus haut et de pratiquer la justice sous une forme supérieure. »

« La justice stricte, c'est la charité élémentaire qui aime assez le prochain pour ne pas lui faire tort ; la charité proprement dite, c'est la forme supérieure de la justice remplissant le très noble devoir de faire du bien au prochain autant qu'on le peut (1). »

(1) *Catéchisme d'économie sociale du Sillon*, n° 570.

Maintenant est-ce par la justice seule ou par la charité complétant la justice que l'employeur remplira son devoir envers l'employé ? car c'est surtout à propos des rapports entre ces deux catégories de personnes que l'on pose le plus fréquemment la question : Justice ou Charité ?

Le salaire apparaît bien comme une dette de stricte justice, et il semble évident aussi qu'il doit équivaloir au service fourni par l'ouvrier. Le patron donc qui devant normalement payer pour 10.000 francs de salaires à ses ouvriers, répartirait entre ses ouvriers 8.000 francs à titre de paye et 2.000 à titre de secours, non seulement ne ferait pas la charité, mais violerait la justice en infligeant à ses ouvriers une humiliation gratuite.

Reste à voir comment doit être calculée la rétribution du service fourni par l'ouvrier, et de ce côté-là, il faut bien reconnaître que l'idée de justice évolue avec les époques : jadis le maître qui traitait ses esclaves avec humanité passait aux yeux de tous et à ses propres yeux pour avoir accompli toute justice à leur égard ; nous croyons aujourd'hui que la justice, c'est qu'il n'y ait plus d'esclaves ; la différence est sensible. On a pu établir le taux du salaire en se demandant quels étaient les besoins réels de l'ouvrier pour sa subsistance quotidienne ; aujourd'hui une autre idée s'est fait jour : malgré l'état de guerre habituelle entre le patronat et les salariés, on en vient à considérer les ouvriers comme associés à l'entreprise patronale et, de ce chef, on veut leur assurer la participation aux bénéfices. On comprend toutefois que cette participation ne peut pas être réglée comme si l'ouvrier était réellement l'associé du patron ; il n'est, en effet, que son collaborateur, car sa situation ne lui permet pas, au moins actuellement, d'être un véritable associé partageant non seulement les gains, mais aussi les pertes. Néanmoins, l'idée de cette association incomplète pénètre peu à peu dans les esprits ; elle rendra de plus en plus impossibles certaines spéculations financières qui se greffaient sur le travail au grand détriment des patrons eux-mêmes, et ceci marquera un progrès vers plus de justice.

Le plus grand éloge que l'Ecriture Sainte fasse d'un homme, c'est de l'appeler un « juste » ; pourquoi ne croirions-nous pas aussi que les sociétés progressent à mesure que l'idée de justice prend chez elles plus d'empire et devient plus exigeante ? Une société qui n'a plus d'esclaves n'est-elle pas plus juste et en même temps meilleure que celle qui traite les esclaves avec humanité ? L'effort de la charité doit-il tendre à maintenir la pauvreté afin de donner occasion à l'aumône, ou à diminuer la pauvreté afin que l'aumône soit moins nécessaire ?

Ne croyons donc pas qu'il soit opportun, pour étendre l'action de la charité, de donner à titre d'aumône ce qui est dû à titre de justice. N'ayons pas peur de voir les occasions d'exercice manquer à la charité : l'aide mutuelle sera toujours nécessaire, et l'homme au cœur vraiment bon trouvera toujours à donner utilement non seulement ses biens, mais son cœur, son âme et sa vie.

III

Action sociale ou action politique ?

« Votre tentative d'éducation sociale populaire est intéressante, nous disent parfois avec un sourire indulgent ceux que notre effort social laisse sceptiques ; il est beau de vouloir refaire une France saine ; vous aboutirez dans quelques siècles. Heureusement que d'autres font la besogne urgente et nécessaire, l'action politique... Vous ne voyez donc pas que tout votre travail est vain, s'il n'y a pas, à la tête de la nation, un gouvernement qui crée l'atmosphère de paix et de recueillement où les idées et les mœurs pourront devenir meilleures ? Quel progrès en ce genre pouvez-vous espérer sous le régime actuel? Laissez vos utopies ; la besogne urgente, c'est l'action électorale.

Certes, nous croyons à la nécessité de l'action électorale ; nous croyons qu'il faut instaurer un ordre politique qui facilite l'action sociale au lieu de l'entraver ; mais nous voyons avec une évidence de plus en plus lumineuse que nous avons bien fait de nous vouer à l'action sociale de préférence à l'action politique ou plutôt de ne comprendre celle-ci que comme un aboutissement de celle-là.

Vous voulez d'abord le bon gouvernement qui vous facilitera le travail social ; c'est une illusion : il faut d'abord effectuer la rénovation sociale qui rendra impossibles les mauvais gouvernements.

De grâce, comprenons enfin les leçons de l'expérience : les conservateurs n'ont-ils pas eu, plusieurs fois, depuis la grande Révolution, les gouvernements de leur choix ? 1815 et 1871 sont à cet égard, des dates inoubliables. Pourquoi les représentants de cet ordre moral ont-ils été écartés du pouvoir ? C'est parce que l'esprit public n'était pas fait pour le règne de l'ordre moral, parce que l'établissement du gouvernement d'ordre moral n'avait pas eu son principe dans l'adhésion profonde de la nation à une sérieuse réforme. En 1815, ce sont les circonstances extérieures, c'est la guerre qui fait en grande partie la Restauration ; en 1871, c'est bien la volonté nationale, c'est le suffrage universel qui nomme une assemblée où les hommes d'ordre sont en majorité. Mais la volonté nationale avait agi sous le coup des douloureuses leçons de la guerre et de la Commune; elle avait obéi à une impression forte, mais passagère ; quelques années s'écoulent et l'ordre moral s'effondre parce qu'il ne cadre plus avec l'esprit public.

Depuis lors l'action électorale n'a même jamais pu nous redonner ces améliorations politiques destinées à s'évanouir, faute d'appui moral dans la nation ; elle a été stérile. Admettons donc que « les peuples ont le gouvernement qu'ils méritent » et travaillons à notre restauration sociale. C'est la besogne urgente.

Nous ne disons pas qu'il faille se désintéresser de l'action électorale ; on ne le peut pas ; il faut la continuer malgré tout, même en sachant qu'elle conduit à la défaite. Seulement, s'il ne faut pas différer l'action politique jusqu'à l'aboutissement de l'action sociale, moins encore faut-il ajourner l'action sociale jusqu'au triomphe de l'action politique.

Ferons-nous, nous-mêmes, quelque jour, de l'action politique ? Non, certes, si l'on entend par là quelque chose de semblable à ce travail intermittent, d'une durée éphémère, qui tous les deux ans, prépare tantôt les élections législatives, tantôt les élections municipales. Peut-on sérieusement appeler cela de l'action politique ? Mais si l'on veut dire que notre action sociale doit aboutir à changer quelque chose dans la situation politique actuelle, à faire une *démocratie politique* répondant à notre esprit démocratique, oui, certes, nous ferons quelque jour de la politique. Notre travail actuel nous y prépare ; il doit nous conduire à une action politique intense ; mais chacun sent que notre politique ne ressemblera guère à celle que nous voyons maintenant, que les procédés en seront nouveaux, comme aussi, nous en avons la confiance, en seront nouveaux les résultats.

IV

La Séparation et le Parti catholique.

La loi de séparation, ou plutôt la rupture violente par un gouvernement sectaire du traité qui déterminait les rapports réciproques de l'Eglise et de l'Etat, impose aux catholiques de France d'impérieux devoirs dont le premier est de se grouper plus étroitement que jamais autour des Pasteurs légitimes. Et, certes, les démocrates n'auront jamais besoin qu'on leur rappelle que si, au temporel, la volonté nationale peut, pour de justes causes, modifier la constitution de l'Etat, elle doit, au spirituel, s'incliner devant la constitution de l'Eglise et l'accepter respectueusement, telle qu'elle est : « Ce ne sont pas les paroissiens qui donnent au curé sa puissance, disait Marc Sangnier dans une conférence publique à l'occasion des incidents soulevés par les « Inventaires (1) », ce ne sont pas les curés qui donnent son pouvoir à l'Evêque... l'autorité religieuse découle d'une façon beaucoup plus directe et plus immédiate de Dieu, car c'est le Christ qui a institué ses Apôtres pour répandre la parole de Dieu à travers toute la terre, et c'est lui qui a donné directement à saint Pierre, c'est-à-dire aux Papes, successeurs de saint Pierre, le pouvoir des clefs. »

« Par conséquent, s'il s'agit de l'Eglise catholique, nous trouvons une autorité incontestable que nous ne pouvons pas changer et façonner à notre gré. Nous ne pouvons pas dire : « Nous en avons assez de l'autorité du Pape, nous allons la remplacer par le pouvoir des Cardinaux. » Nous

---

(1) *Les catholiques de France et la Séparation*, brochure en vente aux bureaux du *Sillon*.

ne pouvons pas dire que les Cardinaux sont trop vieux et qu'il est utile de convoquer, pour les remplacer, une assemblée de jeunes vicaires et de curés. Nous ne sommes pas libres de décider de ces questions, et c'est pourquoi nous avons la douce certitude de pouvoir réaliser en toute sécurité et confiance l'unité, non autour de chefs que nos caprices d'un jour peuvent nous donner, mais autour de chefs institués par Jésus-Christ lui-même pour diriger son Eglise ; je veux dire autour du Pape, des Evêques et des curés. »

Voilà ce dont il faut se souvenir pour réaliser l'unité des catholiques de France. Cette unité ne peut se faire qu'autour de la hiérarchie légitime, nullement autour des chefs d'un parti politique. « La religion unit, la politique divise » ; c'est une sentence dont une expérience, déjà bien longue chez nous, n'a jamais cessé de confirmer la vérité. C'est donc autour des Pasteurs que tous les fidèles doivent se grouper pour le maintien de la liberté religieuse et pour la défense de cette liberté si elle était attaquée. Ils raisonnent mal ceux qui disent : « Les laïques peuvent oser ce que le clergé ne peut pas conseiller ; l'Eglise se réjouira en secret de les voir opposer la force à la violence, mais Elle ne peut leur dire de le faire ». Les laïques ne doivent rien oser que de juste, mais, pour la justice ils doivent être prêts à verser leur sang jusqu'à la dernière goutte, et certes, le clergé aurait le courage, si l'heure venait à sonner de ces dévouements suprêmes, de leur dire leur devoir et de les exhorter à l'accomplir. Si donc on parlait de *parti catholique* — et l'expression ne nous paraît pas heureuse ; la religion d'amour que le Christ est venu nous apporter est mieux qu'un parti — ce groupement, quel qu'en soit le nom, se ferait de lui-même autour de la hiérarchie sacrée ; n'est-ce pas l'ordre établi par Dieu ?

« La politique divise » ; nous le savons. Il ne faut donc pas prendre la politique pour terrain d'entente puisqu'elle est le terrain par excellence de la désunion.

Tous les catholiques dignes de ce nom s'uniront pour la défense des intérêts religieux ; il leur est parfaitement impossible de s'unir pour une action politique qui ait chance d'aboutir. Cette action en effet doit avoir pour terme final soit la restauration monarchique souhaitée encore par un certain nombre de Français, soit l'établissement d'une République démocratique telle que nous la désirons, d'une République qui mérite vraiment ce nom et qui soit respectueuse des droits de tous. N'est-il pas vrai que ces deux tendances sont inconciliables ? l'une exclut l'autre : il n'est pas plus possible de faire un mouvement royaliste avec des républicains qu'un mouvement républicain avec des royalistes.

Renonçons donc aux utopies : « travaillons tous à l'œuvre commune ; acceptons le même mot d'ordre sur le terrain religieux ; travaillons, si nous le voulons, avec plusieurs mots d'ordre sur le terrain politique et social ; mais, tout en gardant au cœur l'ardent désir de faire triompher nos idées, unissons-nous pour la défense de la religion. »

..... « Pour une action commune, nous aurons recours à l'autorité religieuse : au pape et aux évêques ; mais quand il s'agira d'une action individuelle, chacun reprendra sa liberté sur le terrain laissé libre de l'initiative privée (1). »

Ne soyons pas non plus des simplistes ; n'allons pas nous imaginer que la question politique

(1) Marc SANGNIER, conférence précédemment citée.

en France se fondra comme d'elle-même dans la question religieuse ; ou que l'Eglise nous doit en quelque façon la solution de nos conflits politiques. La confiance des citoyens catholiques envers l'Eglise ne consiste pas à croire qu'elle fera leur tâche sociale ; mais simplement que, par les grâces divines dont Elle sera pour eux le canal, elle les maintiendra dans la disposition de générosité nécessaire pour ne pas reculer devant la grandeur et la difficulté de leur devoir, quel qu'il soit.

V

Propriété, Capital et Salariat.

Nous croyons à la distinction du *tien* et du mien ; nous savons qu'en tout état social, si avancé qu'on le suppose, « il faudra toujours assez de propriété pour servir d'armure et de cuirasse à la personnalité humaine (1). » L'his-

(1) *Christianisme et socialisme*, conférence controverse entre Jules Guesde et Marc Sangnier à Roubaix, brochure en vente au *Sillon*.

toire nous a appris que le progrès du droit de propriété individuelle avait marché de pair avec le progrès de l'humanité.

Mais, si le droit de propriété apparaît comme naturel, comme très conforme au progrès social, la forme de la propriété n'a jamais cessé d'évoluer. Il ne faudrait pas croire que la richesse se répartit infailliblement, comme d'elle-même, de la façon la plus conforme à la justice et aux intérêts généraux de l'humanité ; l'excessive concentration de la fortune entre les mains de quelques-uns est un péril social ; certains usages de la richesse mobilière sous forme de valeurs permettant la spéculation financière, aboutissent à des opérations immorales qui ne sauraient constituer un exercice légitime du droit de propriété. Il est donc naturel que la société humaine dispose son organisation économique de façon à favoriser une répartition (1) des richesses qui soit aussi normale et aussi équitable que possible. La mesure de propriété individuelle et de propriété collective que réclame l'intérêt général varie avec les époques, car il ne faut pas oublier

(1) Nous employons ce terme dans le sens qu'il a en économie politique, et point dans le sens de partage.

que la propriété est une fonction sociale ; les théologiens et les moralistes le proclament.

N'introduisons donc pas l'idée d'immutabilité là où elle n'a que faire ; reconnaissons que la propriété est nécessaire en principe, mais que ses diverses formes peuvent dans l'avenir, comme cela est arrivé dans le passé, subir des modifications d'autant plus sensibles qu'elles correspondront à des états sociaux plus différents.

Non moins variables, mais, au contraire, plus variables encore que les formes successives de la propriété sont les modes d'organisation du travail dans la société humaine ; ils se succèdent les uns aux autres ; aucun n'est complètement parfait ; quelquefois même un de ces modes vaut moins que celui qu'il vient remplacer, la situation, par exemple, de l'ouvrier pendant au moins soixante ans après la Révolution, et même encore actuellement, sous certains rapports, constitue un recul sur le régime corporatif. Mais, d'une façon générale, un progrès réel s'accomplit : le servage dans l'atelier féodal est bien moins dur que l'esclavage antique ; le régime de la corporation, dans ses premières périodes, est presque un idéal.

Pourquoi voudrait-on que ces diverses organisations ayant passé chacune à leur tour, il faille saluer aujourd'hui dans le régime du capitalisme et du salariat, l'organisation définitive et à jamais immuable du monde du travail ? Une telle prétention a-t-elle l'ombre du bon sens? Ce qu'on peut dire, c'est qu'aucune fée ne donnera le coup de baguette magique qui mettra subitement fin à ce régime pour lui en substituer un autre, celui de la coopération, par exemple. Les changements se produiront successivement comme du passé, avec une progression plus ou moins rapide ; ils amélioreront ou empireront la condition des patrons et le sort des ouvriers, suivant que les patrons et les ouvriers comprendront ou ne comprendront pas les devoirs que leur imposeront les inévitables transformations sociales et économiques. La société humaine n'est-elle pas constamment en évolution.

D'ailleurs, le régime du capitalisme et du salariat, sous sa forme actuelle, est-il plus sacré qu'un autre ? L'Eglise avait eu sa part dans l'organisation des corporations ouvrières ; celles-ci pouvaient, jusqu'à un certain point, se réclamer de son patronage ; à quel moment, au contraire, le régime du capitalisme et du salariat a-t-il reçu une consécration officielle de l'Eglise ? A quelle date, depuis la Révolution, l'épiscopat ou la papauté sont-ils intervenus pour l'organiser selon la justice et l'équité ?

Le salariat est né dans les conditions anormales inhérentes à l'état révolutionnaire du dix-neuvième siècle ; il constitue un régime d'insécurité qui est une des grandes causes de la persévérance de l'esprit révolutionnaire dans le prolétariat. Nous ne disons pas que la faute en est aux patrons ni aux ouvriers ; elle est en grande partie aux circonstances dans lesquelles ils ont été appelés à se mettre en rapport les uns avec les autres. Mais le salariat est bien le régime dont parle Léon XIII dans l'encyclique *Rerum novarum*, et certes, il n'en fait pas le panégyrique ; il le montre, au contraire, comme ayant besoin de profondes réformes.

Il faudrait pourtant qu'on puisse dire ces vérités élémentaires sans avoir à craindre de passer pour un dangereux révolutionnaire. La formule : « le capitalisme et le salariat ne sont point éternels (1) » exprime une vérité banale à

---

(1) Conférence de Roubaix précédemment citée.

force d'évidence ; elle n'est une hérésie ni au point de vue économique, ni au point de vue religieux.

VI

La lutte de classe.

(ROUGES OU JAUNES)

Le terme de lutte de classe s'entend de l'effort des ouvriers pour enlever aux patrons tout ou partie des avantages qu'ils trouvent ou sont censés trouver dans l'organisation actuelle du travail. La lutte de classe ainsi comprise paraît tendre à la suppression graduelle ou violente du patronat. Elle suppose l'état de guerre habituel et, par conséquent, un vice dans l'organisation sociale.

Ce vice existe : le monde du travail, depuis la Révolution, n'est pas constitué *organiquement* ; d'une part, les anciennes corporations ont disparu ; d'autre part, l'avènement de l'industrialisme, la grande usine, la caserne ouvrière remplaçant la boutique, ont amené un changement profond dans la situation réciproque des ouvriers et des patrons. « Maîtres » et « Compagnons » ne constituaient jadis qu'un même élément social ; ils étaient tous ouvriers. Aujourd'hui, il n'en est plus ainsi : le patron appartient au monde des bourgeois ; l'ouvrier, au monde des prolétaires. De plus, c'est seulement dans ces derniers temps, que la législation ouvrière a commencé à se faire sérieusement tandis que pendant bien longtemps la seule loi de l'offre et de la demande (1) avait présidé au contrat de travail : « deux patrons courent après un ouvrier, le salaire augmente ; deux ouvriers courent après un patron, le salaire diminue », et c'est tout ; des droits et des devoirs réciproques du patron et de l'ouvrier en tant qu'hommes, en tant que citoyens, en tant que frères, il n'en était pas question. Dans de pareilles conditions qu'y a-t-il d'étonnant à ce que la guerre ait éclaté entre le patronat et le salariat ?

Pour résoudre le conflit, on ne peut pas prêcher l'identité complète des intérêts ouvriers et

---

(1) *Catéchisme d'économie sociale du Sillon*, nos 533 à 539.

des intérêts patronaux ; à certains égards, ces intérêts s'harmonisent, à d'autres égards, ils se contrarient. Des commandes nombreuses et régulières en même temps qu'elles assurent le gain du patron, garantissent à l'ouvrier la stabilité du travail et rendent possibles des améliorations dont il bénéficiera. L'installation d'un nouvel outillage peut, dans certains cas, être nuisible aux ouvriers et favorable au patron, tandis que dans d'autres cas, elle sera onéreuse au patron et utile aux ouvriers.

Personne, d'ailleurs, ne songe, aujourd'hui, à demander aux ouvriers de s'en remettre aux patrons du soin de leurs intérêts. Cette confiance, pour ainsi dire filiale, à supposer qu'elle s'établisse, ne serait même pas un progrès : il n'est pas conforme à l'ordre naturel, en effet, que des êtres doués de raison et de liberté n'appliquent pas leurs lumières et leurs efforts à la bonne gestion de leurs intérêts. Chaque groupe, dans la société humaine, doit respecter les intérêts des autres groupes et veiller à la conservation des siens propres ; il est donc logique, il est moral que les ouvriers s'occupent eux-mêmes des intérêts ouvriers. Un patron modèle, nous avons nommé le

« Bon Père » Harmel, a su transformer son usine en une grande famille ouvrière ; mais, dans cette famille, les ouvriers ne sont pas considérés comme des enfants mineurs ; ils gèrent eux-mêmes leurs intérêts avec la plus parfait autonomie.

Déjà beaucoup d'ouvriers sentent que la lutte de classe où l'on se rue périodiquement à l'assaut des salaires plus élevés est un jeu plein de dangers qui jette dans la production une perturbation nuisible aux intérêts des travailleurs eux-mêmes ; ils comprennent que la lutte de classe doit se transformer en lutte pour la classe, en action des groupes ouvriers sur eux-mêmes pour devenir autre chose que de simples machines, aptes uniquement à fournir du travail matériel ; que s'ils rêvent d'établir un jour l'atelier coopératif, il faut qu'ils puissent en être l'âme vivante et non les simples moteurs animés. Cette théorie a été récemment soutenue par E. Berth dans le « Mouvement socialiste ».

Nous ne rêvons donc pas de refaire l'organisation ouvrière sur le plan des anciennes corporations, même avec toutes les transpositions possibles : le monde ouvrier ne forme plus un seul groupe ayant les mêmes intérêts, mais deux groupes dont les intérêts, quoique souvent connexes, sont réellement différents et parfois opposés. C'est pourquoi, ne voulant pas la guerre sociale, il nous semble tout à fait souhaitable de voir les ouvriers se grouper en organisations puissantes non plus politiques, mais professionnelles ; réunissant non plus les suiveurs des politiciens, mais l'effectif entier des divers corps d'état.

Le syndicat démocratique sera le grand syndicat professionnel, puissant et pacifique, capable de traiter avec le patronat, de défendre efficacement les intérêts de ses membres et de promouvoir leur culture intellectuelle et professionnelle, de façon à rendre de plus en plus possible et légitime la collaboration de l'élément ouvrier à la fonction directive.

Nous ne voyons pas encore de syndicat remplissant effectivement un tel rôle ; c'est notre réponse à ceux qui nous demandent si nous sommes rouges ou jaunes. Mais si la vie démocratique doit pénétrer les masses ouvrières, il faudra que ces syndicats se constituent.

VII

Le Socialisme et le Sillon.

Nul parmi ceux qui auront parcouru avec quelque attention cet ouvrage ne nous demandera maintenant si nous sommes socialistes ; nous ne ferons donc pas ici un parallèle inutile pour mettre en relief des différences profondes qu'on ne peut manquer d'avoir vues. Il est évident que, comme mouvement social, nous ne marchons à la suite de personne, que nous sommes bien nous-mêmes. Le *Sillon* a sa physionomie propre ; elle peut plaire ou déplaire, mais elle est caractéristique; on ne peut pas le confondre avec ce qui n'est pas lui.

Si l'on vous signalait l'une ou l'autre idée que nous ayons exprimée de la même façon que les socialistes, cela ne constituerait aucun argument valable pour nous confondre avec eux : jusque dans l'erreur il reste des traces de vérité ; à plus forte raison dans un système entier, peut-il se rencontrer des vérités partielles. Marc Sangnier disait un jour : « Les idées sont des brebis qui s'égarent ; il faut parfois les aller chercher jusque chez l'adversaire. »

VIII

Le Sillon, l'Humanitarisme et l'idée de Patrie.

L'idée démocratique excluant l'utopie, le *Sillon* n'est pas internationaliste ; il tient pour certain que la meilleure manière, pour chacun de nous, de remplir son devoir comme membre de la grande famille humaine, c'est de commencer par être un bon Français.

« Tout d'abord, disait Marc Sangnier, le 3 octobre 1905, dans la conférence « Armée et Patrie » (1), il me semble que c'est un peu trop facile d'aimer l'Humanité, parce que l'Humanité (avec un grand H), cela ne se rencontre nulle part ; moi, pour ma part, je vous avoue que je n'ai jamais rencontré cela. J'ai vu des hommes,

(1) *Armée et Patrie*, compte rendu sténographié. Discours de Marc Sangnier et contradiction. Aux bureaux du *Sillon*.

mais jamais l'Homme-type, l'Homme-idéal se promener dans la rue. Il est facile, sans doute, de dire : « Moi j'aime l'Humanité et de refuser de remplir ses devoirs de patriote ; la Patrie, en effet, c'est beaucoup plus près, l'Humanité, c'est beaucoup plus loin ; et ce que je reproche par-dessus tout aux humanitaires, c'est, sous prétexte d'aimer l'Humanité, de se dispenser d'aimer et de servir leur Patrie. »

Néanmoins, nous ne disons pas avec les *Nationalistes intégraux* que « la Patrie est au-dessus de tout » ; elle n'est pas au-dessus de Dieu ; c'est lui seul qui est au-dessus de tout ; et « comment peut-on, si l'on est chrétien, ne pas reconnaître que l'humanité rachetée par le sang du Christ est quelque chose de plus large, de plus élevé que les patries distinctes (1) ? »

La défense du sol national impose des obligations militaires ; « nous demandons que l'armée soit considérée non seulement comme une nécessité, mais aussi comme un moyen pour développer la vertu dont chacun a besoin dans une démocratie (2).

(1) Compte rendu cité précédemment.
(2) *Ib.*

Que cette déclaration n'effraie personne, quand nous parlons de faire une armée démocratique, nous n'entendons pas y introduire le régime électif pour la nomination des chefs, ni relâcher la vigueur de la discipline : « L'armée sera démocratique le jour où les soldats auront conscience de leur rôle qu'ils accepteront librement et volontairement, où ils seront initiés non seulement à nettoyer des escaliers ou à porter des gamelles ; mais à la tâche sociale qu'ils ont à accomplir pour le pays... Je dis qu'il n'est pas impossible qu'ils fassent grandement acte de citoyens en accomplissant ce service militaire qui peut devenir, pour eux, comme une retraite civique au seuil de la vie, où ils prendront l'habitude de travailler avec désintéressement, non pour gagner de la considération ou de l'avancement, mais simplement parce qu'ils auront acquis le sens précis et exact de leur responsabilité civique. »

Voilà, très exactement, les idées du *Sillon* sur l'humanitarisme, la Patrie et l'Armée, et c'est à cause de la manifestation de telles idées que le *Sillon* a été dénoncé à droite comme une dangereuse école d'Hervéisme, à gauche comme une ligue de patriotes exaltés. Nous n'en sommes attristés que pour nos adversaires ; pour nous, au contraire, nous avons tout lieu d'en être réjouis, car enfin voilà bien la preuve que nous suivons la ligne droite, que nous sommes dans le vrai : les nationalistes intégraux et les hervéistes ne sont évidemment pas du même côté ; évidemment aussi ils ont tort les uns et les autres ; les premiers en mettant la Patrie au-dessus de tout tandis qu'elle n'est ni au-dessus de Dieu, ni au-dessus de la religion ; les seconds, en méconnaissant ce qui est réellement le devoir de chacun envers son pays. Puisque les uns et les autres clament à la fois contre nous, c'est, sans aucun doute, que la netteté et la loyauté de notre attitude contraste avec ce que la leur a de forcé et, par conséquent, de faux (1).

(1) Il faut lire tout entier le compte rendu de la conférence « Armée et Patrie ». Parcourir attentivement ce compte rendu sténographié et reproduit sans qu'un seul mot ait été changé, et se rappeler en même temps les colères soulevées par ce discours, constitue un petit exercice que nous nous permettons de recommander à ceux de nos amis qui attribuent à nos *hardiesses* de langage les critiques dirigées contre le *Sillon*.

CONCLUSION

CONCLUSION

Exspecta Dominum, viriliter age.
Confiez-vous au Seigneur et
agissez en homme.
(Ps. XXVI, v. 14.)

On voit maintenant « de quel esprit nous sommes », où nous allons, ce que nous voulons. L'entreprise que notre amour pour la France nous a fait concevoir, et qu'avec la grâce de Dieu nous avons osé aborder, n'est pas de celles qu'un incident politique survenant dans la vie nationale peut arrêter ou rendre inutile.

Nous avons toujours cru que la tâche de salut social, qu'il faut réaliser à tout prix, *était une œuvre de longue haleine, difficile, exigeant un immense effort et une inlassable persévérance. Nous avons laissé hausser les épaules à ceux qui s'étonnaient de nous trouver incrédules quand ils nous montraient la rédemption nationale déjà toute prête à tel tournant du chemin; nous n'avons jamais senti ces espérances de salut tout prochain nous monter au cœur, et ainsi nous n'avons pas connu l'amertume de la déception. Notre travail d'aujourd'hui et de demain, c'est la continuation normale de notre travail d'hier.*

Pas plus qu'au salut par les manœuvres politiques sans l'indispensable préparation d'une profonde action sociale, nous n'avons cru au salut par l'écœurement de la nation en face des « infamies commises par les gouvernants ». Non, la nation maintenant ne s'écœure pas facilement; la dose des infamies qu'elle pouvait supporter a été savamment calculée; une progression habile préside à leur perpétration; plus il s'en commet, moins la nation y prend garde. Nous ne croyons pas au triomphe du bien par l'excès du mal; avec l'Apôtre, nous disons, au contraire, qu'il faut « vaincre le mal par le bien ».

« Le mal de la France, nous dit-on, c'est qu'elle est aux mains des francs-maçons et des sectaires ; il faut la libérer, il faut affranchir la conscience nationale. » Oui, le mal est là, mais la source du mal n'est pas là ; il ne faut pas prendre l'effet pour la cause : la France n'est pas impuissante et inconsciente parce que les francs-maçons et les sectaires la dominent ; mais les francs-maçons et les sectaires la dominent parce qu'elle est impuissante et inconsciente.

Quand donc nous travaillons à refaire un peuple français conscient et responsable, c'est bien l'œuvre de salut, la seule œuvre de salut possible que nous accomplissons, et s'il se trouve qu'en même temps, c'est précisément aussi l'œuvre démocratique, cela ne veut-il pas dire clairement que le salut de la France postule la diffusion de l'esprit démocratique ?

Nous sommes dans le vrai ; nous sommes sur le bon terrain et rien ne peut arrêter notre action, car rien ne peut détruire ce qui lui donne sa force conquérante : Qui *peut nous empêcher d'aimer le Christ? Qui peut nous empêcher de nous aimer les uns les autres? Toute notre force est dans l'unité de ce double amour.*

FIN

TABLE DES MATIÈRES

PREMIÈRE PARTIE : Le Sillon.

CHAPITRE PREMIER
Coup d'œil sur les origines et le développement du Sillon.

SOMMAIRE : Le journal *Dieu et Patrie*. — Ce qu'était en germe la tentative « Dieu et Patrie ». — La « Crypte » et le Censeur. — Éclosion spontanée du *Sillon*. — Genèse des idées sillonnistes. — Expériences personnelles des futurs Sillonnistes. — Premières rencontres avec les camarades ouvriers. — Indépendance des précurseurs du *Sillon* ; toast à la République. — La revue *Le Sillon* ; article programme ; orientation de la revue à ses débuts. — Deux conceptions du travail social ; attitude de Marc Sangnier. — Marc Sangnier à Versailles, à l'Ecole polytechnique et à Toul ; premières vues sur la méthode d'éducation sociale populaire. — Pourquoi ces détails. — Les publications du *Sillon*. — Premiers essais d'éducation populaire ; l'appel à la jeunesse ; les offres du *Sillon*. — Les cercles d'études. — Les promenades artistiques. — Les Instituts populaires. — Les réunions publiques et contradictoires. — La Jeune Garde. — Les Mille-Colonnes et le *Meeting sanglant.* — Le *Sillon* en province. — Les Congrès du *Sillon*. — Les groupes de dames. — Les approbations officielles de l'Eglise. — Les amitiés sacerdotales et le *Sillon*. — Le *Sillon* mouvement social, page... 3

CHAPITRE DEUXIÈME

Précisions.

I. Ce que le Sillon n'est pas ; ce qu'il ne prétend pas faire.
II. Le Sillon a-t-il droit de dire que, pour réaliser la démocratie, il fait appel aux forces sociales du catholicisme ?
III. Le Sillon est laïque.
IV. Le Sillon est autonome.
V. Le concours des prêtres au Sillon.

I

Ce que le Sillon n'est pas ; ce qu'il ne prétend pas faire.

Sommaire : Le *Sillon* n'est pas un parti. — Il n'est pas une secte. — Le rôle du *Sillon* n'est pas d'élaborer les codes et le programme économique de la démocratie ; — sa tâche est à la fois plus humble et plus haute. — Le *Sillon* n'est pas une école d'apologétique nouvelle. — Le *Sillon* groupe d'amis. — Le *Sillon* n'aspire pas à faire la démocratie française à son image, page............ 37

II

Le Sillon a-t-il le droit de dire que, pour réaliser la démocratie, il fait appel aux forces sociales du catholicisme ?

Sommaire : Pour réaliser la démocratie, le *Sillon* fait appel aux forces sociales du catholicisme. — Le devoir social et les enseignements de l'Eglise. — Devoir social, devoir religieux. — Dans notre travail social, faire appel aux forces sociales du catholicisme est pour nous un devoir. — Misérable objection. — La république démocratique a besoin, plus que toute autre forme de gouvernement, de faire appel aux forces sociales du catholicisme. — Le christianisme est-il une fin ou un moyen ? (note.) — Opinion de deux cardinaux français, page 42

III
Le Sillon est laïque.

SOMMAIRE : Comment le *Sillon* est laïque. — Distinction des deux sociétés, ecclésiastique et civile. — Mission de l'Eglise. — Appui que la société civile trouve dans l'Eglise pour réaliser sa mission propre. — Rôle du prêtre, rôle du laïc. — Parole du prêtre, parole du laïc. — La présence des prêtres dans ses groupes n'empêche pas que le *Sillon* soit laïque. — Une comparaison, page.... 50

IV
Le Sillon est autonome.

SOMMAIRE : Ce n'est pas au point de vue religieux que le *Sillon* est autonome. — Le *Sillon* et la « Société d'économie sociale ». — L'autonomie n'est pas l'indépendance. — Divers magistères de l'Eglise : enseignement, direction, correction. — Le *Sillon* et ces divers magistères. — Opportunité de notre attitude : pas de privilèges. — L'épiscopat et le *Sillon*. — Signification des approbations épiscopales. — La bonne marche, page........ 56

V
Le concours des prêtres au Sillon.

SOMMAIRE : Les Sillonnistes et le prêtre. — Les confidences mutuelles et le recours au prêtre. — Le clergé paroissial et le *Sillon*. — Le prêtre conseiller de cercle ; conseils d'un prêtre conseiller de cercle à un confrère. — Le *Sillon* et l'autorité religieuse, page................ 60

CHAPITRE TROISIÈME

Le Sillon « un ».

I. L'âme commune.
II. La collaboration fraternelle.
III. L'unité et l'unanimité au Sillon.
IV. L'autorité dans le Sillon et le recrutement du Sillon.

I

L'âme commune.

SOMMAIRE: Une page de la revue. — La pensée et l'expression communes. — Deux phénomènes dignes d'attention. — Les âmes sœurs. — L'âme commune est autre chose qu'un patrimoine d'idées, page.............. 70

II

La collaboration fraternelle.

SOMMAIRE: Ceux qui sont le plus sillonnistes. — Dans le *Sillon* aucun patronat d'une classe sur une autre. — Expériences vécues, page 75

III

L'unité et l'unanimité au Sillon.

SOMMAIRE : Le maintien rigoureux de l'unité accroît le nombre des Sillonnistes ; — pourquoi. — Comment les vides se comblent et comment s'augmentent les effectifs. — Le *Sillon* n'est ni électif ni fédératif. — Comment se maintient l'unité. — L'esprit du *Sillon* s'affirme de plus en plus à mesure que le mouvement grandit — La discussion des idées au *Sillon*. — Le *Sillon* ne comprend que des camarades intégralement sillonnistes. — Peut-on se « mettre du *Sillon* » ? — Encore un trait du *Sillon* qu'on ne peut songer à transporter dans l'organisation de la république démocratique, page........... 79

IV
L'autorité au Sillon et le recrutement du Sillon.

SOMMAIRE : Le genre d'autorité qui convient au *Sillon ;* — l'autorité et l'auteur. — Ceux en qui s'incarne l'autorité au *Sillon.* — Le bon recrutement du *Sillon* ne peut être fait que par des Sillonnistes. — Double exemple pour une même leçon. — Ne pas demander aux autorités ce qu'elles ne peuvent pas faire. — L'embrigadement. — Le bon recrutement se fait d'homme à homme, page....... 87

CHAPITRE QUATRIEME

Le Sillon comme école sociale et les relations du Sillon avec d'autres groupements catholiques.

I. Le Sillon comme école sociale.
II. Le Sillon, les Patronages et les conférences de Collège.
III. Le Sillon et l'Association catholique de la Jeunesse française.
IV. Le Sillon et les conservateurs.

I
Le Sillon comme école sociale.

SOMMAIRE : En quel sens il faut entendre ici le terme d'école. — Principe d'où nous partons. — Notre adhésion à ce principe nous différencie de beaucoup d'autres écoles. — Pourquoi nous admettons ce principe. — Originalité et avantages de notre méthode d'observation sociale ; la méthode de Le Play et la nôtre, page............ 94

II
Le Sillon, les Patronages et les Conférences de Collège.

SOMMAIRE : Rapports naturels entre le *Sillon* et les Patronages. — Nécessité des Cercles d'études dans les Patronages. — Pourquoi les jeunes doivent être apôtres. — But des cercles d'études. — Difficultés et manière de les éviter. — « Dignitaires » et Sillonnistes. — Il n'est pas toujours possible d'établir une conférence de collège qui soit un groupe du *Sillon*. — Pas d'équivoques. — Favoriser la formation des vrais Sillonnistes plutôt que de faire un pseudo-*Sillon*, page 99

III

Le Sillon et l'Association catholique de la Jeunesse française.

Sommaire : Les relations doivent être bonnes entre les deux groupes ; il ne faut pas s'effrayer de quelques heurts. — Parallèle et différences. — Une conclusion qui ne serait pas légitime. — Vraie conclusion. — Pas de fusion ; pourquoi, page 108

IV

Le Sillon et les Conservateurs.

Sommaire : Apprenons à nous pardonner réciproquement. — Rôle des hommes d'avant-garde et rôle des conservateurs. — Légitimité des deux tendances. — Programme simple mais difficile à réaliser. — Une constatation — Deux choses essentielles, page 113

Deuxième Partie : **La Démocratie.**

CHAPITRE PREMIER

Définition de la démocratie.

Sommaire : Le *Sillon* a-t-il raison de vouloir la république démocratique ? — Nous ne sommes pas vraiment en république. — Définition de la démocratie par ses caractères intrinsèques. — Explication. — Définition de la démocratie par ses caractères externes ; elle découle de la première. — Notre définition ne change pas l'essence de la démocratie. — Une objection ; - principes communs à toutes les formes de gouvernement, page.......... 119

CHAPITRE DEUXIÈME

L'inégalité naturelle.

SOMMAIRE : Responsabilité et sentiment de la responsabilité. — Responsabilité n'est pas capacité — Faux dogme de l'égalité naturelle. — Démocratie n'est pas démagogie. — — Les inégalités artificielles ; elles sont maudites par le Christ. - Les vraies inégalités. — Egalité civique et égalité devant la loi. — Impossibilité de l'égalité anarchique et de l'égalité du socialisme intégral. — Toute fonction vraiment utile est une fonction noble — La hiérarchie naturelle et l'ordre providentiel — L'ordre providentiel n'implique pas le privilège. — La démocratie et l'ordre providentiel, chacun à sa place, page... 129

CHAPITRE TROISIÈME

Elite et masse.

SOMMAIRE : Une espérance qui serait une utopie. — Distinction forcée entre l'élite et la masse. — L'élite sous l'ancien régime. — Les déclassements graduels sous l'ancien régime. — L'élite sous la monarchie absolue ; les masses ne montent plus. — Au dix-neuvième siècle ; le suffrage des censitaires ; le suffrage universel — La ploutocratie et la lutte entre le capital et le prolétariat. — Les classes inférieures produisent une élite, mais qui ne fait rien pour elles — Comparaison, page.............. 137

CHAPITRE QUATRIÈME
L'Elite démocratique.

Sommaire : Ce que ne peut pas faire une élite séparée de la masse. — Différentes conceptions du rôle de l'élite. — L'élite dans une démocratie organique. — L'élite démocratique est de la même espèce que la masse ; elle est en contact incessant avec la masse ; elle est vraiment populaire. — Une telle élite peut-elle se constituer en France ? — Réponse de fait fournie par la vie du *Sillon*. — Mieux que patron. — Non se déclasser, mais s'enraciner. — L'élite démocratique, ciment social. — Cette conception du rôle de l'élite ne transforme pas la démocratie en aristocratie. — Jefferson et les *aristoï* naturels. — Aristocratie naturelle et aristocratie de classe. — Une vérité qui semble un paradoxe. — Tous les groupes d'action sociale devraient chercher à multiplier les hommes d'élite. — Scepticisme que trop de Français manifestent à l'égard de l'éducation sociale populaire. — Valeur du « peuple ». — Si le peuple est actuellement désorienté, à qui la faute ? — Dirigeants et classes dirigeantes. — Les vrais dirigeants peuvent se rencontrer partout. — Une comparaison royaliste, page.......................... 114

CHAPITRE CINQUIÈME
Majorité numérique et majorité dynamique ; le suffrage universel et l'idée d'autorité.

Sommaire : Les nécessités sociales. — La subordination nécessaire de l'intérêt particulier à l'intérêt général. — Cette subordination dans la monarchie ; — dans la démocratie. — La volonté nationale et le sacrifice ; rôle de l'élite. — La majorité dynamique ; justesse de cette expression. — Concert de la majorité numérique et de la majorité dynamique. — Le faux dogme du nombre suffisant par lui seul à faire la loi. — Qualités nécessaires de la loi. — Le suffrage universel. — Opinion de saint Thomas sur la participation de tous les citoyens au gouvernement. — Vices du suffrage universel. — Il est faux qu'il égalise la valeur des voix ; le suffrage plural existe en France. — Le mode de suffrage universel actuellement existant ne suffit pas à une démocratie organique. — Nécessité d'une réforme morale à la base de toute réorganisation du suffrage universel. — Désigner les gouvernants est autre chose que leur conférer l'autorité. — La source de l'autorité. — Importance du principe d'autorité dans une démocratie. — Rôle de l'élite sociale dans le maintien du respect de l'autorité, page.............. 156

CHAPITRE SIXIÈME

La tradition catholique et la démocratie.

Sommaire : L'Église reconnait le droit des peuples à préférer tel régime politique à tel autre. — La tradition catholique : Bellarmin, Suarez, saint Thomas d'Aquin. — Les enseignements de Léon XIII. — L'encyclique sur la démocratie chrétienne n'annule pas les autres encycliques de Léon XIII où il est question de la démocratie politique. — Démocratie chrétienne et démocratie tout court. — Avertissement inopportun — Léon XIII n'a pas *accordé* aux Français le droit d'opter pour la République. — Nous nous guidons par les principes sans discuter des cas simplement possibles et souvent imaginaires. — Nous allons librement vers notre but. — « La démocratie postule le christianisme » ; cette proposition ne peut pas se retourner. — Nous ne nous donnons pas la mission de réformer l'Église, page..................... 168

CHAPITRE SEPTIÈME

La Tradition nationale et le Fait démocratique.

Sommaire : Conditions nécessaires pour que la démocratie continue légitimement la tradition nationale. — Faut-il instaurer la démocratie ou restaurer la monarchie ? —

Monarchie de droit divin. — La monarchie et l'utilité publique. — Considérations historiques ; la monarchie créatrice, conservatrice, destructrice. — La monarchie absolue est la corruption de l'institution monarchique.— L'époque de la monarchie est close. — La Restauration et la Monarchie de juillet. — L'hypothèse du César temporaire. — L'ère de la république est ouverte. — La république n'est pas faite, mais elle a des bases dans l'ordre politique actuel ; elle renferme le germe démocratique. — Idées et lois démocratiques. — Le régime démocratique vient à son heure ; il est un progrès social ; il est, dans ce qu'il a de meilleur, un progrès chrétien. — Il faut continuer le travail de l'éducation sociale populaire, page.................................... 179

CHAPITRE HUITIÈME

L'Œuvre démocratique.

SOMMAIRE : Pour faire l'œuvre démocratique, il faut répandre l'esprit démocratique. Les œuvres ne créent pas l'esprit. — Écueil des œuvres. — L'œuvre par excellence est de recruter à la démocratie sa majorité dynamique. — Une comparaison. — Il faut remplacer l'état d'esprit révolutionnaire par l'état d'esprit démocratique. — Puissance conquérante de la doctrine. — Nos doctrines peuvent être conquérantes à meilleur titre que les doctrines socialistes. — Confiance, page................ 195

TROISIÈME PARTIE : Quelques Réponses.

I. *Aborder les questions ou les éviter ?* page........ 209
II. *Justice ou Charité ?* 213
III. *Action sociale ou action politique ?* 217

IV. *La Séparation et le Parti catholique*, page	221
V. *Propriété, Capital et Salariat*	226
VI. *La lutte de classe (Rouges ou jaunes)*	231
VII. *Le Socialisme et le Sillon*	236
VIII. *Le Sillon, l'Humanitarisme et l'idée de Patrie.*	237

Conclusion 243

APPENDICE

LES PUBLICATIONS DU « SILLON »

Depuis quelques années, le *Sillon* a publié en assez grand nombre des tracts, des brochures, des livres. Nous avons pensé qu'il ne serait pas sans intérêt de donner ici la liste de ces publications que nous avons classées méthodiquement, d'après leur sujet.

I. — Le Sillon est une vie.

Le *Sillon* n'est ni un parti, ni une école. C'est une vie. Or, si l'on ne peut songer à décrire la vie, on peut tout au moins en donner l'impression. Un conte, un discours, une pièce de théâtre, une chanson même font peut-être pénétrer plus avant dans l'intimité du *Sillon*, en rendant compte de ses aspirations profondes, que ne feraient de froides et savantes dissertations.

Telles sont la raison d'être et la portée des publications suivantes.

MARC SANGNIER. *L'Esprit démocratique*, 7e édition (Perrin, éditeur). — Un volume in-12. Prix : 3 fr. 50 *franco*.

Ce n'est pas seulement les idées du *Sillon*, c'est son esprit qu'on trouvera dans ce livre dont les pages ont été écrites, pour ainsi dire, en pleine bataille. — Voici la liste des chapitres de l'*Esprit démocratique* :

Première partie : FRATERNELLEMENT.

Pourquoi nous voulons espérer. — Le devoir de vivre. — Comment Jacques Mercœur rencontra Dieu. — Nos auxiliaires. — L'action positive. — Une méthode. — La vie qui monte. — Action politique et action sociale.

Deuxième partie : DÉMOCRATIE.

L'action morale et sociale du catholicisme. — La « démocratie chrétienne ». — Démocratie et hiérarchie. — L'esprit de classe. — Christianisme et démocratie. — Le nombre et la force. — Pour la société, par l'individu. — Tradition et progrès.

Troisième partie : HIER ET DEMAIN.

Et exaltavit humiles. — Les ennemis intérieurs du catholicisme. — L'indestructible vie. — Pour qu'ils reviennent. — Le corps à corps. — Logique. — Discipline et liberté. — Ce qui ne meurt pas. — Quiétude. — La libre route.

— *La Vie profonde.* « Eveils et Visions », 3e édition (Perrin, éditeur). — Un volume in-12. Prix : 3 fr. 50 *franco*.

Avant-propos. — L'Art et la Vie. — I. La petite fleur de l'Infante. — II. La conversion de Lumen. — III. Le fiancé de la mer. — IV. Au-dessus des forces humaines. — V. Une tentation. — VI. Le songe d'Ali. — VII. Sacrifice de moine.

Tous ceux, amis ou adversaires, que le mouvement du *Sillon* intéresse, tiendront à lire ce recueil de contes et de nouvelles, où les aspirations de cette élite ardemment chrétienne et démocratique se révèlent sous un jour si pur, si sincère. Non contents de ne connaître du *Sillon* que les formes de son corps de théories et d'idées, ils voudront le pénétrer et comme en toucher l'âme, afin d'en découvrir toute la « vie profonde ».

— *Par la mort,* drame en 2 actes. — Deuxième édition, avec une préface de l'auteur. Une brochure de 108 pages. Prix : 0 fr. 80 ; *franco :* 1 fr.

Ce drame, qui a été représenté à Paris par nos camarades, avec un grand succès, apparaît comme l'une des premières et plus puissantes manifestations d'un nouvel art démocratique sorti spontanément de la vie du *Sillon*.

Notre ami, qui n'a été amené à écrire cette pièce que parce que la forme dramatique lui a semblé, sans doute, plus adaptée à l'expression de sa pensée, a voulu nous convaincre que l'on ne pouvait édifier une société nouvelle sans qu'il y ait comme des générations écrasées par ce travail d'enfantement de l'avenir.

« Si le grain de froment tombé à terre ne vient à mourir, il demeure seul ; mais quand il est mort, il porte beaucoup de fruits. » Cette parole qui figure en exergue, sur la couverture de *Par la Mort* résume toute l'action du drame de Marc Sangnier.

— *Dans l'Attente et le Silence.* — Une brochure de 56 pages. Prix : 0 fr. 50 ; *franco :* 0 fr. 65.

Ce n'est pas seulement avec les impressions personnelles que notre ami a ressenties durant son passage au régiment que les lecteurs pourront communier à travers les feuillets de cette brochure, c'est surtout avec l'*âme commune* du *Sillon* que Marc Sangnier, qui fut le fondateur de notre mouvement, portait déjà vivante en lui et qu'il devait donc exposer au rude contact de la vie pénible des casernes.

Cette brochure contient en outre quelques pages délicates et émues sur un enterrement de soldat et c'est encore un regard sincère jeté sur la vie de nos armées en temps de paix.

HENRI COLAS. Les chansons du Sillon, chantées dans toute la France par nos camarades, sont bientôt devenues populaires. Il n'est plus un Sillonniste qui n'en connaisse les refrains entraînants. Prix : l'exempl., 0 fr. 15 ; les 50, 6 fr. 50 ; le 100, 12 fr. 50.

L'Epi, Chanson du Semeur, Chant de la jeune Garde, La Mort du Jeune Garde, Prière du Jeune Garde, Prière matinale, Découragement, Réconfort, In Cruce salus, Histoire de gosse, Aux Pauvres, Les Camelots du bon Dieu, Noël au Sillon, Jeune Garde toujours, Tout à la cause, Jeune Garde, où vas-tu ? (chanson de marche). Paroles et musique.

Veillée d'armes, Parlons du Christ, Futur Prêtre (Poésies).

— *Les Chansons du Sillon*. Élégante brochure in-8° jésus. Prix : 2 fr. 75 ; *franco*, 3 fr.

Les Chansons et Poésies du *Sillon* ont été réunies en un recueil dont MARC SANGNIER a écrit la préface.

II. — Les méthodes et l'organisation du Sillon.

Nous avons rangé sous cette rubrique toutes les publications qui répondent directement à la question toujours posée : « Qu'est-ce que le *Sillon* ? » La naissance et le développement du *Sillon*, les formes d'action qu'il a adoptées, les difficultés morales et matérielles auxquelles il s'est heurté, l'organisation enfin qui petit à petit s'est constituée d'elle-même, voilà ce que les auteurs des brochures suivantes se sont efforcés de décrire avec exactitude et précision.

MARC SANGNIER. *Le Sillon (Esprit et Méthodes)* (8ᵉ mille). Un volume in-18. Prix : 0 fr. 60 ; *franco* : 0 fr. 80.

Cette brochure est une des plus complètes et des plus documentées qui aient été écrites sur le *Sillon*.

Nos amis y liront comment le *Sillon* s'est développé organiquement et intellectuellement. Dans des notes qui tiennent presque plus de place que le texte, Marc Sangnier raconte les origines du *Sillon*, précise certaines questions de doctrines, et pose notre mouvement en face des organisations politiques, sociales ou catholiques de l'heure actuelle. Une série de documents des plus intéressants termine cette brochure indispensable à tous tous ceux qui veulent être absolument au courant du mouvement du *Sillon*.

— *L'Education sociale du peuple* (5e mille). — Un volume in-18. Prix : 0 fr. 60 ; *franco* : 0 fr. 80.

C'est dans ces pages qu'ont été notés les premiers projets pratiques du *Sillon*, alors que ses fondateurs, à peine sortis de Polytechnique, trouvaient, parmi les jeunes ouvriers et employés des patronages catholiques, les camarades qui devaient être, dès la première heure, leurs collaborateurs privilégiés.

— *Une Méthode d'éducation démocratique*. Un volume in-18. Prix : 1 fr. ; *franco* : 1 fr. 25.

Cette brochure expose en trois chapitres très développés (I. Les Universités populaires. II. Cercles d'études et Instituts populaires. III. Une expérience) une des époques les plus intéressantes de l'histoire du mouvement d'éducation populaire. Elle oppose à la conception laïque et soi-disant neutre des anticléricaux, la conception du *Sillon* que l'on voit évoluer, se modifier et se préciser au contact de la vie quotidienne de nos camarades.

GEORGES RENARD. *Pour connaître le Sillon*, — Un tract. Prix : 0 fr. 15 ; *franco* : 0 fr. 20.

Ce tract répond heureusement au désir de tous ceux qui veulent connaître dans ses grandes lignes l'action et l'organisation du *Sillon* à l'heure actuelle. Il précise en particulier l'attitude du *Sillon* en face de la politique. Son faible volume et la modicité de son prix en feront entre les mains de nos camarades un excellent instrument de propagande.

III. — Les idées du Sillon.

Tandis qu'il se développait matériellement, le *Sillon* voyait peu à peu s'enrichir son patrimoine intellectuel et se préciser ses idées. C'est surtout au contact des pensées adverses que sa pensée s'est affirmée chaque jour avec plus de netteté et d'indépendance. Le libéralisme, le féminisme, la lutte des classes et le socialisme, l'avenir de la société capitaliste, l'idée de patrie, telles sont quelques-unes des questions sur lesquelles le *Sillon* a été amené à s'expliquer, le plus souvent dans des conférences publiques et contradictoires qui resteront comme des modèles de libre et loyale discussion.

La Vie démocratique. Discours de MARC SANGNIER, contradiction de M. FERDINAND BUISSON, député (10e mille). — Volume in-18 de 100 pages environ. Prix : 0 fr. 50 ; *franco* ; 0 fr. 60.

La réunion publique qui eut lieu le 26 novembre 1903 à l'Alcazar d'Italie, fut une des plus pacifiques et des plus intéressantes qu'ait organisées le *Sillon*. Marc Sangnier qui indiquait dans son discours les *conditions de développement* et les *forces de développement* de la vie démocratique, montrait dans l'anticléricalisme et dans l'étatisme deux des plus redoutables obstacles qu'elle rencontre. C'est sur ce point que porta la contradiction, très courtoise d'ailleurs, de M. Ferdinand Buisson. C'est le compte rendu sténographié qui a été reproduit en une élégante brochure ; les épreuves de la contradiction ont été revues par M. Buisson lui-même.

L'Avenir de la démocratie. Discours prononcé le 1er février 1903, à l'inauguration de l'I. P. du Xe, par MARC SANGNIER (25e mille). — Un tract. Prix : 0 fr. 15 ; *franco :* 0 fr. 20.

La formation sociale (Cercle d'études et Instituts populaires), le travail social (le mouvement syndical et coopératif ; la législation ouvrière), l'organisation sociale (les lois et les mœurs ; le triomphe de la démocratie), telles sont les divisions essentielles de ce discours, l'un des premiers dans lesquels aient été exprimés les convictions sociales et en quelque sorte le programme démocratique du *Sillon*.

Christianisme et Socialisme (12e mille). Compte rendu de la réunion tenue à l'Hippodrome de Roubaix, le 9 mars 1905. Controverse entre MARC SANGNIER et JULES GUESDE. — Un tract. Prix : 0 fr. 15 ; *franco :* 0 fr. 20.

On trouvera dans ce tract, avec la contradiction de Jules Guesde, le texte sténographié du discours dans lequel Marc Sangnier montrait les conséquences sociales et économiques des idées du *Sillon*, et qui souleva tant de violentes critiques et de polémiques passionnées.

Armée et Patrie. Compte rendu sténographié (discours de MARC SANGNIER et contradiction) du Meeting du 3 octobre 1905. — Un fort tract de 60 pages environ. Prix : 0 fr. 30 ; *franco :* 0 fr. 40.

Dans son discours, Marc Sangnier opposait la conception patriotique du *Sillon* d'une part aux doctrines nationalistes, d'autre part à l'antimilitarisme et aux théories humanitaires de M. Hervé. Les contradicteurs les plus différents — depuis l'anarchiste LIBERTAD jusqu'à M. DE BOURMONT — vinrent lui donner l'occasion de préciser encore le point de vue original du *Sillon*.

Education et Démocratie, Esprit religieux, esprit laïque. Conférence publique et contradictoire faite au Casino de Dijon, le 16 décembre 1904, par JOSEPH BRUNHES. — Un fort tract. Prix : 0 fr. 20 ; *franco :* 0 fr. 25.

Dans cette conférence, organisée par le *Sillon de Dijon*, Joseph Brunhes a montré, avec une irréfutable logique, le sophisme du libéralisme laïque qui, dans son œuvre d'éducation, commence par porter atteinte à la liberté de l'enfant. La conférence fut suivie d'une discussion à laquelle prirent part MM. ROSENTHAL, professeur du lycée ; BOUHEY-ALLEX, député radical ; MARPAUX, socialiste, et MONOD, anarchiste.

L'Existence de Dieu. Conférence faite à l'Université populaire de Limoges (fondation socialiste anticléricale), par l'abbé DESGRANGES, du *Sillon Limousin.* — Un tract. Prix : 0 fr. 15 ; *franco :* 0 fr. 20.

Un prêtre exposant à des socialistes et à des anarchistes, sur leur invitation, les raisons de sa croyance en Dieu, et réfutant dans deux réunions consécutives les objections qu'ils s'efforçaient de lui opposer, tel est le spectacle peu banal dont ce tract, scrupuleusement exact, et par suite singulièrement vivant, peut donner l'idée.

L'Education sociale de la Femme. Conférence faite au *Sillon*, le 10 décembre 1905, par l'abbé E. BEAUPIN. — Un tract. Prix : 0 fr. 15 ; *franco :* 0 fr. 20.

Les groupes de dames ont pris depuis quelque temps dans le *Sillon* un très grand développement. C'est à leur initiative qu'est due cette réunion où en exposant éloquemment le rôle de la femme chrétienne dans la démocratie, l'abbé Beaupin distingua très heureusement le féminisme du *Sillon* de toutes les autres formes de féminisme.

Les Catholiques de France et la séparation, discours prononcé le 9 février 1906, aux Sociétés savantes, par MARC SANGNIER. — Un tract. Prix : 0 fr. 15 ; *franco :* 0 fr. 20.

La loi de séparation ne résout aucunement la question religieuse, car l'Eglise et l'Etat ne peuvent s'ignorer. En face des difficultés et peut-être des persécutions prochaines, quelle doit-être l'attitude des catholiques ? Telle est la question à laquelle répondait récemment Marc Sangnier dans un meeting organisé par le *Sillon*. On sait quelles violentes attaques souleva ce discours, dans lequel il montrait avec force, au lendemain des premiers troubles causés par les inventaires, d'abord le devoir de s'unir, non dans un hypocrite parti catholique, mais dans l'Eglise, autour des pasteurs légitimes ; puis, l'esprit d'amour qui doit animer les catholiques jusque dans les luttes sanglantes, enfin la nécessité d'une action de conquête à côté de l'action de défense.

IV. — Le Sillon en face de ses adversaires.

Les adversaires du *Sillon*, pour l'attaquer avec plus de chances de succès, ont souvent défiguré ses idées, travesti ses intentions, dénaturé ses plus claires déclarations. Nul d'entre eux n'a poussé aussi loin que M. l'abbé Barbier l'art de tronquer les textes et de faire dire aux gens, à l'aide d'insinuations habiles et de maquillages savants, le contraire de ce qu'ils ont dit. Dévoiler les plus grossiers de ces subterfuges, et rétablir le *Sillon* véritable en face de la caricature qu'en avait tracée son ingénieux adversaire, c'est ce que trois prêtres, tous trois du *Sillon*, ont fait dans des brochures dont on appréciera la clarté, la probité, la solide doctrine.

Les vraies idées du Sillon, par l'abbé DESGRANGES. — Une brochure in-18. Prix : 0 fr. 50 ; *franco :* 0 fr. 60.

A propos des idées du Sillon, lettre à un ami, par l'abbé VERGNEAU. — Une brochure in-18. Prix : 0 fr. 40 ; *franco :* 0 fr. 50.

Réplique à la seconde brochure de M. l'abbé Barbier, par l'abbé DE LESTANG. — Une brochure in-18. Prix : 0 fr. 40 ; *franco :* 0 fr. 50.

V. — L'action du Sillon.

L'histoire du *Sillon* est brève, mais déjà elle est illustrée par des événements de toutes sortes : manifestations grandioses, témoignages d'affection et de confiance des chefs de l'Eglise et du Saint-Père lui-même, batailles parfois sanglantes... On trouvera le récit enthousiaste ou ému de cette histoire d'hier dans les comptes rendus de congrès et de pèlerinage, et dans les almanachs qui ont été édités par le *Sillon* depuis quelques années.

Almanachs du Sillon 1904 et 1905. Volumes de 100 pages, format du *Sillon*, illustrés de nombreux dessins et photographies. — L'exemplaire : 0 fr. 25 ; *franco :* 0 fr. 40.

Les *Almanachs du Sillon*, par leurs articles très nombreux, très courts et tous d'une lecture facile, intéresseront nos camarades de tout âge et de toute condition, et donneront aux personnes qui désirent connaître notre mouvement une idée exacte et pittoresque de la vie du *Sillon*.

COMPTES RENDUS DE CONGRÈS

2e Congrès national (Tours 1903), 0 fr. 40 ; *franco :* 0 fr. 50.

4e Congrès national (Paris 1605), 0 fr. 70 ; *franco :* 0 fr. 90.

Ce compte rendu, illustré de nombreuses photographies, reproduit le texte des rapports et les discussions, ainsi que le discours prononcé par Marc Sangnier au manège Saint-Paul.

5e Congrès national (Paris 1906), 1 fr. *franco :* 1 fr. 20.

Ce compte rendu reproduit fidèlement la physionomie de cet inoubliable Congrès national, le plus important de tous, tant par le nombre des congressistes que par l'intérêt des questions qui y furent traitées. Il était nécessaire d'en fixer les traits essentiels : c'est ce qui a été fait dans cette brochure qui contient, avec le texte des rapports généraux des sections et l'analyse des discussions, le compte rendu sténographié de la réunion publique tenue sous la tente du Congrès, et dans laquelle Marc Sangnier fit acclamer par des milliers d'auditeurs l'idéal du *Sillon*.

Congrès régional de Paris, 1905, 0 fr. 50 ; *franco :* 0 fr. 65.

Cette brochure — illustrée de 6 belles photogravures hors-texte, reproduisant quelques-unes des scènes principales du drame *Par la Mort* — contient le compte rendu du Congrès et le texte complet des rapports et de l'allocution de M. l'abbé Odelin, en l'église Saint-Thomas-d'Aquin.

Le Sillon à Rome, par GEORGES HOOG. Compte rendu illustré du Pèlerinage du *Sillon* à Rome. — Prix : 0 fr. 50 ; *franco :* 0 fr. 65.

Une retraite de dames au Sillon, notes et souvenirs. — Une brochure de 64 pages — Prix : 0 fr. 50 ; *franco :* 0 fr. 60. Compte rendu de la retraite prêchée aux dames du *Sillon*, du 21 au 25 février 1906, par M. l'abbé DESGRANGES et M. l'abbé BEAUPIN.

Cartes postales illustrées. — L'unité, 0 fr. 10 ; la série, 0 fr. 50 ; *franco :* 0 fr. 60.

Le *Sillon* vient d'éditer une série de 6 cartes postales illustrées représentant quelques-unes des scènes principales du drame de Marc Sangnier *Par la Mort*.

VI. — La documentation du Sillon

Dans une des études très sérieuses, publiées par le *Sillon*, on trouvera en même temps qu'une doctrine sûre une documentation exacte. Ces études rendront les plus grands services à tous ceux qui considèrent comme un devoir de probité intellectuelle, lorsqu'ils veulent parler d'une question, de ne se contenter ni des opinions courantes et non contrôlées, ni des renseignements hâtifs des journaux, ni des fausses précisions des ouvrages dits de « vulgarisation ».

Les Rapports de l'Eglise et de l'Etat du Ier au XXe siècle, par EMILE CHENON, ancien élève de l'Ecole polytechnique, professeur à la Faculté de Droit de Paris. — Une brochure de 192 pages. Prix : 1 fr. ; *franco* : 1 fr. 20.

Cette brochure, dans laquelle l'éminent professeur à la Faculté de Droit expose avec une haute compétence quels ont été dans l'histoire les rapports de l'Eglise et de l'Etat, est d'une actualité toute particulière au moment où, par la rupture du Concordat, ces rapports viennent d'entrer dans une phase nouvelle.

Nous ne saurions trop recommander à nos lecteurs de l'étudier attentivement et d'y puiser en même temps qu'une connaissance exacte du passé, d'utiles enseignements et de sûres doctrines.

Chacun des chapitres de cette brochure a été publié séparément en tract. (*L'Eglise et l'Empire romain. — L'Eglise et la Monarchie franque. — L'Eglise et la Féodalité. — L'Eglise et la Monarchie absolue. — L'Eglise et la Révolution. — L'Eglise et l'Etat au XXe siècle.*)

Chaque tract, 0 fr. 15 ; *franco* : 0 fr. 20.

L'Eglise et l'Etat, par EMILE CHENON. — Un tract. Prix : 0 fr.15 *franco* : 0 fr.20.

Catéchisme d'économie sociale et politique, par LOUIS COUSIN. (Vitte, éditeur.) — Un fort volume in-32 jésus. Prix : 2 fr. 75, *franco* : 3 fr.

Cet ouvrage, rédigé par questions et réponses, est particulièrement destiné aux membres des Cercles d'études, et peut leur rendre les plus grands services en leur donnant des notions élémentaires et indispensables d'économie politique.

L'Action coopérative, par MARCEL LECOQ. — Un tract. Prix : 0 fr. 15 ; *franco* : 0 fr. 20.

Le Repos hebdomadaire, par MAX TURMANN. — Une brochure, in-18. Prix : 0 fr. 40 ; *franco* : 0 fr. 50.

Les Retraites ouvrières, par MAURICE DUBOURG. — Une brochure in-18. Prix : 0 fr. 40 ; *franco* : 0 fr. 50.

Les Accidents du travail, par MAURICE BEAUFRETON. — Une brochure in-18. Prix : 0 fr. 40 ; *franco* : 0 fr. 50.

Répertoire des cercles d'études. — Une brochure in-18. Prix : 0 fr. 30 ; *franco* : 0 fr. 40.

Les membres des Cercles d'études trouveront dans le répertoire qu'a édité récemment à leur intention le *Sillon du Nord*, l'indication et le classement méthodique des ouvrages auxquels ils pourront puiser pour la préparation de leurs conférences.

Répertoire alphabétique des publications du Sillon

TRACTS

L'Action coopérative, par MARCEL LECOQ. Prix : 0 fr. 15 ; *franco* : 0 fr. 20.

Armée et Patrie, par MARC SANGNIER. Prix : 0 fr. 30 ; *franco* : 0 fr. 40.

L'Avenir de la démocratie, par MARC SANGNIER. Prix : 0 fr. 15 ; *franco* : 0 fr. 20.

Les Catholiques de France et la Séparation, par MARC SANGNIER. Prix : 0 fr. 15 ; *franco* : 0 fr. 20.

Christianisme et socialisme. Controverse entre JULES GUESDE et MARC SANGNIER. Prix : 0 fr. 15 ; *franco* : 0 fr. 20.

Education et Démocratie, par JOSEPH BRUNHES. Prix : 0 fr. 20 ; *franco* : 0 fr. 25.

L'Education sociale de la femme, par E. BEAUPIN. Prix : 0 fr. 15 ; *franco* : 0 fr. 20.

L'Eglise et l'Etat, par EMILE CHENON. Prix : 0 fr. 15 ; *franco* : 0 fr. 20.

L'Eglise et l'empire romain, par EMILE CHENON. Prix : 0 fr. 15 ; *franco* : 0 fr. 20.

L'Eglise et l'empire frank, par EMILE CHENON. Prix : 0 fr. 15 ; *franco* : 0 fr. 20.

L'Eglise et la féodalité, par EMILE CHENON. Prix : 0 fr. 15 ; *franco* 0 fr. 20.

L'Eglise et la monarchie absolue, par Emile Chenon. Prix : 0 fr. 15 ; *franco* : 0 fr. 20.

L'Eglise et la Révolution, par Emile Chenon. Prix : 0 fr. 15 ; *franco* : 0 fr. 20.

L'Eglise et l'Etat au XIXᵉ siècle, par Emile Chenon. Prix : 0 fr. 15 ; *franco* : 0 fr. 20.

L'Existence de Dieu, par Jean Desgranges. Prix : 0 fr. 15 ; *franco* : 0 fr. 20.

Pour connaître le Sillon, par Georges Renard. Prix : 0 fr. 15 ; *franco* : 0 fr. 20.

LIVRES & BROCHURES

Les Accidents du travail, par Maurice Beaufreton. Prix : 0 fr. 40 ; *franco* : 0 fr. 50.

Almanach du Sillon pour 1904. Prix : 0 fr. 25 ; *franco* : 0 fr. 40.

Almanach du Sillon pour 1905. Prix : 0 fr. 25 ; *franco* : 0 fr. 40.

A propos des idées du Sillon, lettre à un ami, par l'abbé Vergneau. Prix : 0 fr. 40 ; *franco* : 0 fr. 50.

Catéchisme d'économie sociale et politique du Sillon, par L. Cousin (Vitte, éditeur). Prix : 2 fr. 75 ; *franco* : 3 fr.

Congrès national, Tours, 1903. Prix : 0 fr. 40 *franco* : 0 fr. 50.

Congrès national, Paris, 1905. Prix : 0 fr. 70 ; *franco* : 0 fr. 90.

Congrès national, Paris, 1906. Prix : 1 fr. ; *franco* : 1 fr. 20.

Congrès régional, Paris, 1905. Prix : 0 fr. 50 ; *franco* : 0 fr. 65.

Les Chansons du Sillon, par Henri Colas. Prix : 2 fr. 75 ; *franco* 3 fr.

Dans l'attente et le silence, par Marc Sangnier. Prix : 0 fr. 50 ; *franco* : 0 fr. 65.

L'Education sociale du peuple, par Marc Sangnier. Prix : 0 fr. 60 ; *franco* : 0 fr. 80.

L'Esprit démocratique, par Marc Sangnier (Perrin, éditeur). Prix : 3 fr. ; *franco* : 3 fr. 50.

Une Méthode d'éducation démocratique, par Marc Sangnier. Prix : 1 fr. ; *franco* : 1 fr. 25.

Par la mort, drame en 2 actes, par Marc Sangnier. Prix : 0 fr. 80 ; *franco* : 1 fr.

Les Rapports de l'Eglise et de l'Etat, par Emile Chenon. Prix : 1 fr. ; *franco* : 1 fr. 20.

Répertoire des Cercles d'études. Prix : 0 fr. 30 ; *franco* : 0 fr. 40.

Réplique à la seconde brochure de M. l'abbé Barbier, par l'abbé DE LESTANG. Prix : 0 fr. 40 ; franco : 0 fr. 50.

Le Repos hebdomadaire, par MAX TURMANN. Prix : 0 fr. 40 ; franco : 0 fr. 50.

Les Retraites ouvrières, par MAURICE DUBOURG. Prix : 0 fr. 40 ; franco : 0 fr. 50.

Le Sillon à Rome, par GEORGES HOOG. Prix : 0 fr. 50 ; franco : 0 fr. 60.

Le Sillon, esprit et méthodes, par MARC SANGNIER. Prix : 0 fr. 60 ; franco : 0 fr. 80.

Une retraite de dames au Sillon. Prix : 0 fr. 50 franco : 0 fr. 60.

La Vie démocratique, discours de MARC SANGNIER. Contradiction de M. FERDINAND BUISSON. Prix : 0 fr. 50 ; franco : 0 fr. 60.

La Vie profonde, par MARC SANGNIER (Perrin, éditeur.) Prix : 3 fr. ; franco : 3 fr. 50.

Les Vraies idées du Sillon, par JEAN DESGRANGES. Prix : 0 fr. 50 ; franco : 0 fr. 60.

Chansons ou poésies de HENRI COLAS. L'exemplaire : 0 fr. 15 ; franco : 0 fr. 20.

Cartes postales illustrées (scènes de *Par la Mort*). Prix : l'unité : 0 fr. 10 ; franco : 0 fr. 15 ; la série, 0 fr. 50 ; franco : 0 fr. 60

Les prix qui figurent ici et qui ont été revisés avec soin sont les seuls dont on doive tenir compte.

Les commandes doivent être accompagnées de leur montant ; adresser les mandats au nom de l'*Administration du Sillon*.

Le *Sillon* a deux organes qui ont tous deux pour directeur MARC SANGNIER :

1° Le *Sillon*, revue d'action d'action démocratique, paraissant le 10 et le 25 de chaque mois.

Secrétaire de la rédaction, administateur : HENRY DU ROURE.

ABONNEMENTS :

Paris et départements : Un an, 8 fr. ; six mois, 4 fr. 50.
Etranger : Un an, 10 fr. ; six mois, 5 fr. 50.

UN NUMÉRO :

Paris et départements : 0 fr. 40 ; Etranger : 0 fr. 50.

(Les abonnements partent des 10 janvier, 10 avril, 10 juillet, 10 octobre. Ils sont payables d'avance.)

2° *L'Eveil démocratique*, journal paraissant le 1er et le 3e dimanche de chaque mois.

Secrétaire de la rédaction : GEORGES HOOG. Administrateur : LOUIS GRANDIN.

ABONNEMENTS :

Un an, Paris et départements : 2 fr. — Etranger : 3 fr. — Le numéro : 5 centimes.

D'importantes réductions sont faites par quantités.

L'Eveil démocratique sera hebdomadaire à partir du 1er octobre 1906.

Les bureaux du *Sillon* et de l'*Eveil démocratique* sont situés boulevard Raspail, 34, Paris, VIIe.

Lyon. — Impr. Emmanuel VITTE, rue de la Quarantaine, 18.

www.ingramcontent.com/pod-product-compliance
Lightning Source LLC
Chambersburg PA
CBHW050639170426
43200CB00008B/1084